SANDRA ARROYAVE

¿QUÉ DICEN LAS MUJERES DEL DIVORCIO?

snow
fountain
press

¿QUÉ DICEN LAS MUJERES DEL DIVORCIO?

Primera edición, 2021
©Sandra Arroyave

Snow Fountain Press
25 SE 2nd. Avenue, Suite 316
Miami, FL 33131
www.snowfountainpress.com

ISBN: 978-1-951484-91-0

Dirección editorial:
Pilar Vélez
Coach literario:
Fermina Ponce
Diagramación editorial y diseño de portada:
Alynor Díaz / Snow Fountain Press

A mis hijos Juandi y Sophie,
por ser mi soporte y mi motivo para elegir encontrarme.

A mi esposo Carlos,
por nuestro encuentro entre almas para hacer posible el plan de vida.

Dedicado a la valentía que descubrimos las mujeres
cuando nos vemos atrapadas en la oscuridad.

En gratitud a mis padres
por su apoyo y amor incondicional.

TABLA DE CONTENIDO

DE LA AUTORA

ntes de que comiences a leer, quisiera compartirte unas palabras: el que yo haya escrito un libro que gira en torno al divorcio no significa que esté de acuerdo con dar por terminadas todas las relaciones que tienen problemas. Sin embargo, mis años de trabajo atendiendo a infinidad de pacientes como psicóloga, sumados al hecho de haber sido madre soltera, haber atravesado situaciones de maltrato, crisis de pareja y una separación, me permiten conectar con tu situación. Me ayudan a tender puentes con lo que piensas, con tu dolor, con tus noches en vela, con la responsabilidad que sientes ante la crianza de tus hijos, ante las deudas y la incertidumbre por lo que vendrá.

Y quiero confesarte que tengo una aspiración: que tú te veas reflejada en las frases, en los capítulos, en los testimonios y herramientas que aquí te voy a entregar.

En este libro (que más que un libro intenta ser un compañero, un confidente y un guía) encontrarás:

1) Un recorrido a través del proceso del divorcio.

2) El pensamiento de otras mujeres que han atravesado experiencias similares a la tuya, y que de seguro se expresan de un modo similar a ti.

3) Una visión psicológica inherente a las diversas facetas de la separación, y también herramientas que te ayudarán a comprender lo que te sucede y a seguir avanzando en tu vida.

Mi deseo es que estas páginas te acompañen a través de tu realidad y de tus emociones. Sé que te toca recorrer un sendero complicado. Sé bien cuánto cuesta, cuánto duele, pero he venido a decirte que el dolor no es tu lugar. Tu destino es otro, tu futuro no debe ser la grisura y la duda sino la luz y la decisión. Escapa de la pena que te mantiene inmóvil, atrévete a gritar ¡Ayuda!, y sal adelante. Este libro te ayudará a hacerlo.

Puedo comprender lo que tú estás sintiendo. Y lo puedo comprender porque yo estuve allí donde tú estás ahora. No atravesé una sino dos y hasta tres situaciones de crisis. El dolor y la confusión eran inimaginables, y en medio de la noche no encontraba quien me contuviera, quien me brindara un consejo adecuado. Sé lo que es pedir ayuda (legal, afectiva y celestial) y no encontrarla, sé lo que es sentirse sola mientras el dolor me devastaba por dentro e intuyo que es por eso que escribí este libro: para que ninguna mujer padezca el desamparo que yo sentí en ese tiempo oscuro. Por eso cada uno de los capítulos que integran este libro están escritos desde ese entendimiento, desde la verdadera esencia de lo que las mujeres somos cuando descubrimos el amor, el amor incondicional que cada una de nosotras atesora en lo más hondo.

Hay una razón más por lo que anhelo que este libro resulte importante para ti: quiero que sea un apoyo emocional para las madres que precisan brindarle confianza y seguridad a sus hijos, pues así como lo menciono en mi primer libro *La magia de un atuendo*, las mujeres somos la columna vertebral de nuestra familia, lo que nos obliga a estar fortalecidas y sólidas.

Ahora sí, te invito a comenzar a absorber lo que estas páginas tienen para ofrecerte. Este es un libro para tenerlo a tu lado, para recordarte que no estás sola, que te rodea una comunidad que te habla, te apoya y te piensa, y que desea poner de manifiesto toda la grandeza que tú llevas dentro.

En fin, este es un libro para compartir, para reflexionar y para crecer. Este es un libro para ti.

Sandra Arroyave

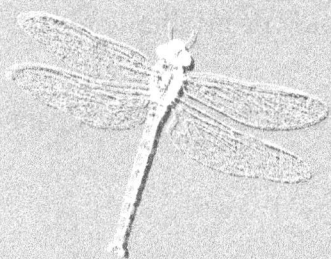

Volver a empezar desde cero

Nada está perdido si se tiene el valor de proclamar que todo está perdido y hay que empezar de nuevo

Julio Cortázar

*Pasa la vida y el tiempo
no se queda quieto.
Llegó el silencio y el frío
con la soledad.
Y en qué lugar anidaré mis sueños nuevos,
y quién me dará una mano
cuando quiera despertar.
Volver a empezar*

Alejandro Lerner

Este es el comienzo del capítulo cero. O sea, el comienzo del principio. Y es en esta instancia tan primaria cuando deseo decirte algo: La decisión de separarte no debe ser impulsiva ni apresurada. Antes de separarte debes tener la tranquilidad de saber que has hecho lo posible para mantener a tu familia unida, en armonía, paz y felicidad. Solo una vez que lo has intentado todo, y que nada ha funcionado, debes recurrir a la instancia de la separación y posterior divorcio.

Porque la idea no es huir sino buscar un sendero adecuado para la paz de tu familia, y la huida a un problema no es la solución para resolver una situación que te trae dolor. Cuando se quiere ganar una guerra es inevitable atravesar las batallas donde quizá nos topemos con derrotas. Pero debes seguir, porque ese es el camino que más adelante quizás te lleve al triunfo. Y es posible que debas cambiar de tácticas una y otra vez, tal vez incluso debas aplicar estrategias impensadas, pero eso te llevará al fin a superar el desafío.

¿Tomas decisiones aceleradas o basadas en
el dolor y el resentimiento?
Del uno al diez, siendo diez el máximo, ¿cuánto desgaste
emocional, mental o físico te ha dejado el reaccionar
desde ese afán?

Antes que todo al llegar al límite de la crisis y detenerse a pensar en una separación o a presentir que se viene un divorcio, es de por sí una aceptación a que algo está pasando con tu vida, a que ha llegado el momento de detenerse a pensar, a revisar, a cuestionar porque razón estas ahí.

Aun sin entrar a cuestionar cuál fue la causa típica: infidelidad, maltrato físico o psicológico, falta de intimidad, problemas económicos, Falta de comunicación, adicciones, en fin. Es importante que comiences a entender que la manera cómo estás actuando, lo que estás pensando, es aquello que estás creando en tu día a día.

Somos sin duda seres humanos sensibles y expuestos a construir las realidades según el entorno en que nos movemos, en que hemos crecido, con el que compartimos y quienes nos rodean. Haré pues, referencia al tema de pareja cuando la crisis se desencadena en divorcio.

Vamos a partir de dos escenarios de pareja, el primero una pareja enamorada, que decide convivir e incluso formar una familia, y el segundo, la pareja de novios que, sin formalizar la relación, recibe inesperadamente la noticia de la llegada de un hijo. En estos dos escenarios, plantearemos una crisis, ya sea por problemas de pareja o abandono, rodeado de conductas destructivas por alguna de las dos partes, y causando opresión en la otra parte afectada.

En esta primera parte de la crisis hay quienes deciden dar por terminada la relación y comenzar una nueva vida, traspasando solamente una mala experiencia. Sin embargo, hay quienes al existir un estado de enamoramiento, y la persona que recibe de su pareja conductas destructivas, como por ejemplo, rechazo, infidelidad, maltrato físico o psicológico, abandono, adicciones, entre otros casos, hay un primer instante en que el afectado intenta tomar el control creyendo que su pareja cambiará en algún momento, cree en las promesas o "aguantan" la situación por mantener su familia unida, una imagen ante la sociedad o ser incapaces de rehacer sus vidas.

Comienzan entonces a llegar las consecuencias de la resistencia a una realidad incontrolable. Reitero que en este momento hago referencia a la situación de crisis en un punto que ya no es llevadero y desatada por diferentes causas según el caso de cada pareja, a lo que me referiré más adelante. Es aquí cuando salen enfermedades físicas o psicológicas, como por ejemplo: cambios en nuestras rutinas de comida, ya sea por exceso o baja alimentación, estados de tristeza, la autoestima comienza a bajar, puede darse desmotivación generalizada, se puede generar ansiedad, miedo, estrés, la incertidumbre te aborda y al final buscas una buena justificación ante el caos que ya estás viviendo día a día.

Mira cómo podría ser esa evolución:

Es un deterioro que en ocasiones te va disminuyendo o la única persona que cree que todo saldrá mejor eres tú, quien permitió y hasta podría llamarse se acostumbró a recibir "destrucción" de su pareja y querer tener el control, lo que se conoce como codependencia; que por cierto es un tema extenso y podríamos tomar páginas enteras para referirnos a este, aunque hablaremos de temas que de una u otra forma están ligadas conductas que son típicas de un codependiente no entraré a explicarlas desde este punto a profundidad.

¿A este punto qué pasa?

Llega el momento que el agua te llega al cuello y decides tú o decide tu pareja de llegar el momento de separarse, esto se acabó. Y ahí cuando te sientes en el limbo de tomar un nuevo rumbo, puedes elegir tomar consciencia de esa nueva realidad o actuar por la simple reacción de un desamor, sin duda la causa y la capacidad de asumir una crisis es la que marca tu nueva vida. No solo se trata de darte cuenta y aceptar, es como lo vas a aceptar.

Del afán solo queda la derrota

Conozco mujeres que meses después comienzan relaciones aparentemente estables y diferentes a lo que venían viviendo con su pareja anterior, se sienten plenas, felices y solo hablan de la libertad y el beneficio que fue su divorcio, pasado un tiempo acuden a mi consultorio desmoronadas en llanto, contando la misma situación que vivieron con su expareja, pero esta vez en otro escenario, entonces, ¿qué pasó ahí cuando todo venía tan bien? ¿Quién está fallando ahora? ¿Realmente es esa nueva pareja? ¿O quizás la mujer que quiso desafiar la vida llenándose de una fuerza rodeada de resentimientos y tapando realidades ocultas?

Consecuencia...

Si la primera vez dolió, la segunda se abre la herida más profunda y el sentimiento de culpa, resentimiento, los miedos, la ansiedad, incertidumbre y quien sabe que cosas más se unen para derrumbar completamente a esta persona. ¿Es acaso haber alcanzado un éxito hecho de papel?

Déjenme decirles que actuar así es ponerse una chaqueta para salir a la tormenta, igualmente te vas a mojar, mientras no esperes que pase la tormenta, el agua te seguirá llegando hasta el cuello y repetirás la historia una y otra vez, volviéndose un reto contigo misma, una competencia de ego que a la final es como un apego sin sentido.

Entonces mira lo que puede pasar...

La única que le da ese sentido eres tú, queriendo tener aprobación de la otra persona ante lo que haces, y al mismo tiempo sentir que llevas el control de tu relación girando entorno a lo que se mueve y tratando de arreglar las cosas como crees está bien para ti... ¡boom! de pronto todo estalla y te das cuenta que quien estaba tras las rejas eras solamente tú, te ves ahí, agotada, llena de miedos y acongojada. Te has convertido en la víctima, y a este punto la situación toma un rumbo aún más complicado si te involucras en este nuevo papel. Este otro papel protagónico, en el que hemos caído muchas veces, puede también tomar el giro que elegimos, lo difícil es tener la valentía de reconocer ese camino atroz que llevamos a este punto, y que en la mayoría de casos se requiere de ayuda profesional.

De pronto tienes los ojos tapados y los oídos sordos...

Mujeres, todas en algún momento de la vida , diría pues sin importar la causa, hemos tenido y tendremos respuestas que afectan nuestro entorno, nuestra realidad, estamos en una sociedad que nos alienta a formar conductas y pensamientos basadas en ese ruido externo, ir a velocidades extremas sin poner freno, a competir y a batallar a costa de lo que sea, convirtiendo realidades en rutinas, apagando lo que en realidad somos y dejando el disfrute y gozo sin poder encontrarlo, porque ya ni lo reconocemos y celebramos con poco. Y eventos altamente comprometedores que afectan nuestra vida y nos golpea tan fuerte que sentimos ir al piso sin la fuerza de poder levantarnos, eso es una crisis, y cuando del amor se trata aun duele más.

Y viene ahora un gran cuestionamiento: ¿qué lograrás resolver con la lectura de este libro?

¿Eliges actuar o eliges reaccionar ante una situación de crisis?
  ○ Elijo actuar
  ○ Elijo reaccionar

CAPÍTULO 1

El divorcio: sus causas y decisiones

*Son nuestras decisiones las que muestran
quienes somos realmente,
más que nuestras habilidades*

J.K. Rowling

*Usar el poder de decidir te da la capacidad de
superar toda excusa para cambiar cualquier parte
de tu vida en un instante*

Anthony Robbins

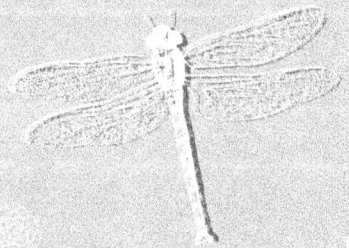

LAS MUJERES DICEN

"Mi familia es muy conservadora y nadie se ha separado de su pareja, así que yo no puedo tomar esta decisión tan fuerte. Sería muy duro para mis padres. No me importa aguantar lo que me toque aguantar, pero no seré la primera divorciada de mi familia".

"Un día me levanté y cuando miré a mi pareja supe que su mente y su corazón ya no estaban en casa. Ahí sentí que el divorcio se aproximaba".

"Es tan difícil superar el alcoholismo de mi esposo... Ya no para de beber. Pero yo sé que algún día va a cambiar. Me lo ha prometido muchas veces y yo quiero creerle".

"Le pedí el divorcio apenas supe que me engañaba. Yo valgo mucho, y si no me va a respetar, pues... ¡adiós! No sé por qué a tantas mujeres les cuesta hacerse respetar. De amor no se muere".

"Nunca he pagado las cuentas de mi casa, no sé cómo mi marido maneja las cosas, y me muero de miedo de tener que hacerlo yo sola. No sé cómo me sentiría, creo que no lo lograría, me daría stress, me podría enfermar. No sé qué hacer, pero el amor se nos acabó hace rato".

"Su mundo es mi mundo. Yo ya no tengo amigas, solamente salimos con su grupo de amistades, y ellos nos ven como una súper pareja. Será terrible si nos divorciamos. Quedaríamos muy mal, y yo completamente sola".

"Crecí en situaciones económicamente difíciles, y cuando conocí a mi esposo me entregó todo lo que me hizo falta. Ayudó a mi familia, me pagó los estudios, lo tengo todo gracias a él. El problema es que desde hace un tiempo empezó a sacarme en cara todos esos detalles, me grita, me humilla... Debo confesar que la semana pasada me empujó muy fuerte, y ayer me levantó la mano. No sé qué hacer".

UNA VISIÓN PSICOLÓGICA

UNA SEPARACIÓN NO SIEMPRE ES UN DIVORCIO

Más allá de mis años de trabajo profesional como psicóloga en todo lo vinculado a separaciones y divorcios, cuento con una experiencia extra que enriquece mi visión del tema: yo misma atravesé una separación, yo misma viví la experiencia de haber sido madre soltera. Y esta experiencia me ha nutrido de una información que me permite ayudarle y brindarle herramientas a muchos pacientes que han podido salir adelante. Y esta es la experiencia que yo ahora, por medio de este libro, quiero ofrecerte a ti.

Es mucho lo que tendremos para conversar, para analizar, incluso para debatir, con el correr de estas páginas vamos a diferenciar términos, vamos a otorgarle a cada palabra su significado correcto. En suma, vamos a especificar qué es qué.

¿Qué diferencias hay entre separación y divorcio?

La separación es el cese de la vida en pareja, y el divorcio es un paso más adelante, es la disolución del matrimonio desde el punto de vista legal.

Primero se da la separación. Y de más está decir que una pareja puede convivir estando separada. Son incontables los casos de parejas que ocupan el mismo techo, pero cada uno duerme en un lugar diferente de la casa. Y esto puede suceder por decisión mutua o por decisión de un integrante.

Después, si las diferencias son irreversibles, se pasa al divorcio, que involucra el tema legal. Pues si había un matrimonio consolidado con papeles, se debe comenzar un proceso judicial en el que se resuelve la disolución del matrimonio ante un juez.

Antes de seguir analizando estas cuestiones, quiero decir algo: yo soy partidaria de sostener y fomentar la familia. Hago esta aclaración para quienes tienen la creencia o dan por sentado que, como yo trabajo en estas áreas, soy partidaria del divorcio. No es así. Yo soy partidaria de hacer todo lo posible para salvar una relación de pareja. Pero si esto no es posible, y si los costos emocionales a pagar para salvar a la pareja son altos, el mejor camino es sin dudas la separación y el divorcio.

Y mientras se desarrolla este proceso es bueno que comprendas que las situaciones de crisis son también un aprendizaje. Y no dudes que, en el transcurso de este proceso de aprendizaje, obtendrás cosas a cambio. Porque de eso también se trata esta vida: de aprender en el transcurso del camino. Tú tal vez me preguntes:

—¿Qué puedo obtener en medio de este momento tan duro, Sandra?

Y yo te diré:

—Tienes razón, entiendo tu pregunta. Sin dudas que te toca

atravesar un momento difícil. Pero, aunque no lo creas, te aseguro que puedes ganar fortaleza y experiencia. Y eso te ayudará a poder iniciar pronto una etapa nueva, una etapa mejor.

—Pero, Sandra. Yo no quiero una nueva pareja.

—Está muy bien que así sea. Es respetable. Y también sería respetable que quieras buscar una nueva pareja. Aquí lo importante es que, tomes el camino que tomes, no recaigas en las mismas situaciones que te llevaron a esta crisis.

Es muy frecuente que hagamos un análisis exhaustivo en relación a qué nos llevó a una crisis con nuestra pareja o con nuestra ex pareja. En la gran mayoría de los casos mis pacientes me dicen que las responsabilidades y las culpas son del otro o de la otra. Ante esa respuesta yo intento explicar que (excepto contadas excepciones) ambos son ser responsables. Y tal vez tú me digas:

—Pero, Sandra... él me fue infiel. Y mi matrimonio se acabó por ese error de quien era mi pareja.

Y yo, ante ese planteo, te sugeriré abrir el espectro para mirar con más detenimiento qué sucedió. Y te invitaré a preguntarte qué dejaste tú de hacer, qué dejaste tú de entregar. Dime, pensémoslos juntas: ¿qué fue lo que se perdió durante la convivencia para que tu ex busque un tercer?

Sé que te estoy poniendo ante una situación nada sencilla. Sé muy bien que lo más fácil es cargar la totalidad de las culpas en el otro. Pero te ruego que aceptes mis palabras, y que lo pienses con profundidad. Yo te ayudaré, pensémoslo juntas: ¿qué fue lo que se perdió durante la convivencia para que tu ex busque a otra?

No te enojes, respira profundo, tómate tu tiempo y busca en el interior de tu alma las respuestas a mis preguntas.

También es posible que no haya habido un tercero, tal vez haya habido un maltrato verbal o físico. Muchas veces me han dicho:

—Mi pareja me insultó. Mi pareja me golpeó.

Y, sin quitarle ninguna responsabilidad al agresor, yo te propondré ir al trasfondo de la situación y te invitaré a pensar lo siguiente:

—¿Existe la posibilidad de que tú hayas permitido que esa situación de violencia sea posible?

Porque en algún momento existió un primer maltrato, un primer insulto, un primer golpe, una primera falta de respeto. En ese momento... ¿tú qué hiciste? ¿Cómo reaccionaste? De seguro no le pusiste freno en ese primer instante, y a partir de allí todo creció como una bola de nieve. Si tú en ese mismo primer instante de agresión hubieses puesto un límite firme, de seguro esa situación paraba allí.

Insisto que con este planteo no le estoy quitando absolutamente ninguna responsabilidad a quien agrede. Pero sí quiero señalar que, de un modo u otro, las responsabilidades de una separación suelen ser compartidas. Si la situación alcanza un punto crítico es porque algo se resquebrajó dentro de esa pequeña sociedad que es una pareja. Y ese resquebrajamiento suele tener responsabilidades compartidas.

Avanzar no es huir

El divorcio jamás debe ser ni un escape ni una huida, el divorcio no debe ser la solución para salir triunfante de una situación compleja. Y recién una vez que lo has intentado todo, y te das cuenta que la situación de tu pareja no tiene solución, piensa en la separación y el divorcio. O sea, el divorcio no debe ser la primera opción sino la última, una vez que ya hiciste todos los intentos, reflexiones, trabajos y aprendizajes posibles.

Decidir un divorcio

Cuando se toma la decisión de llevar adelante el divorcio, a mi criterio intervienen tres aspectos principales, no únicos, que detallaré a continuación:

1. Las creencias religiosas o familiares

Hay una cuestión de índole religioso que tiene un gran peso sobre muchas mujeres. Me refiero (y acá pondré un ejemplo) a la famosa frase: "Hasta que la muerte nos separe". Hay muchas mujeres que atraviesan el mayor de los caos solo para poder cumplir ese mandato. Incluso llegan a soportar a hombres alcohólicos o maltratadores solo para honrar ese compromiso hasta el fin de sus días.

En lo que tenga que ver con las cuestiones de índole familiar es tristemente frecuente encontrarnos con mujeres que cargan con frases de este tenor, que las madres le repiten a sus hijas:

—Mi hija, usted debe aguantar lo que te toque con tal de conservar a su marido al lado.

O frases como:

—Aguante, porque si no... ¿quién le va a dar dinero?

No es necesario aclarar que ningún mandato religioso o familiar debe estar por encima de la salud mental y emocional de ninguna mujer. Como te dije con anterioridad: yo te sugiero hacer todo lo posible para salvar tu matrimonio, pero si no es posible llegar a una solución, el mejor camino es la separación. Y no hay mandato ni religioso ni familiar que pueda interponerse en tu necesidad de dar ese paso. Sin embargo, siempre será tu elección.

2. La parte emocional

Aquí me refiero a cuando una mujer no está en condiciones de tomar decisiones pues está atrapada en el miedo, la angustia y el stress. Estos sentimientos, sumados a los resentimientos, la baja autoestima, y las tristezas, forman una gran cinta negra que nos cubre los ojos, nos impide ver la realidad, y no nos permite tomar las decisiones adecuadas y necesarias.

3. La parte social

Cuando hablo de "La parte social" apunto al qué dirán, a tener amigos en común con nuestra pareja y temer perderlos tras la separación. Hablo al temor a quedarse sin pareja. A cargar con el peso de la mirada ajena. Al miedo que puedes llegar a sentir ante el hecho de que tu familia y entorno social te vean sola.

Los tres puntos que mencioné arriba son ataduras que te pueden llevar no solo a tener una vida en pareja frustrante, sino también a no poder lograr una separación fluida. Y a este escenario hay que agregarle unos actores fundamentales: los hijos. Pues es inevitable que los hijos absorban el caos que rodea a la pareja, y eso solo hace que los problemas se potencien y multipliquen, y que el problema a resolver se vuelva aún más complejo.

Señales de alarma

Cuando tienes el presentimiento de que algo falla en tu pareja, lo más factible es que encuentres cambios en el día a día. Tú sabes a qué me refiero: esas pequeñas señales que solo son pequeñas en la superficie, ya que esconden problemas más profundos. Pueden ser problemas de convivencia, falta de entendimiento y diálogo, desgano, fastidio y destratos de diversa índole.

Cuando ocurre una infidelidad, quien comete la infidelidad lo más probable es que sienta que le falta algo, y comienza a buscar ese algo fuera de la pareja, y así comienzan los desacuerdos con la pareja actual. También puede haber falta de intimidad, porque uno se sacia sexualmente con otro y ya no desea o precisa de su pareja estable. Puede haber falta de dinero, porque esos recursos se van a otra persona, o directamente una crisis por problemas económicos (una quiebra en la empresa de algún integrante de la pareja, lo que lleva a no poder cubrir las necesidades básicas familiares, lo que deriva en stress económico). Y ese stress a veces puede derivar en situaciones de gravedad como adicciones, alcoholismo...

En fin, las crisis muchas veces actúan como factores desencadenantes, una causa trae a la otra, y lo que en un principio pudo ser una complicación menor puede terminar cobrando consecuencias inesperadas. Y el único resultado es que se empieza a transformar y a descomponer la relación de pareja. Y cuando eso sucede llegan las dudas, y el suelo que hasta ayer te sostenía con firmeza comienza a volverse frágil. Y al fin dices:

—Esto no va más. Esto no funciona. Me divorcio.

Y es en esta instancia cuando yo sugiero que te detengas un momento, que no te apresures, y que te preguntes lo siguiente:

¿Qué es lo que deseas solucionar al divorciarte?

_____

_____

_____

_____

Ante el súbito deseo de terminar con todo, te invito a aguardar un instante, pensemos juntas qué es lo que te sucede, por qué te sucede, y cuáles son las opciones con las que cuentas.

Una vez una paciente que deseaba divorciarse, me dijo:

—Yo quiero ser libre, y hasta acá no lo he logrado.

A lo que yo le respondí:

—¿Qué es ser libre para ti? ¿De quién depende que no hayas logrado sentirte libre? ¿Quién elige sentirse encadenado?

Son preguntas que debemos respondernos con profunda calma y sinceridad antes de dar un paso así de trascendente. Porque muchas veces, como lo mencioné anteriormente, el divorcio no sería la solución sino una huida.

Y quisiera recalcar esto que acabo de decirte. Pues el divorcio debiera ser una solución, y no una huida.

Recuerdo que una paciente que atravesaba una problemática similar, me dijo:

—Me siento cansada de asumir responsabilidades y hacer todo yo. En tanto mi pareja nunca me reconoce todo lo que yo hago. Así que me divorciaré.

—Un momento—le dije—. Ante todo, dime una cosa: ¿qué vas a solucionar con tu divorcio? Porque si lo que tú quieres es tener reconocimiento, lo que debes hacer es solucionar ese problema más que divorciarte. ¿Quién eligió asumir tantas responsabilidades? ¿Has probado delegar roles dentro de tu familia?

Volvamos al tema de la infidelidad. Ante un problema de este tipo es usual que las mujeres digan:

—Me abandonó para irse con otra. Me mintió.

Es en ese preciso momento cuando yo intervengo y digo:

—Miremos un poco hacia atrás. Analicemos tu pasado, tu historia personal y familiar. Tratemos de entender qué sucedió en tu vida para que tu pareja te haya engañado.

Te aseguro que los resultados a ese análisis suelen ser sorprendentes. Uno no tarda en descubrir que muchas de esas mujeres que provienen de familias en las que la infidelidad fue un hecho recurrente, o que eran mujeres que crecieron en un entorno de engaños y mentiras. Entonces esa propia mujer, cuando crece y forma su propia familia, da por sentado que, a ella, tarde o temprano, le ocurrirá lo mismo. Y de tanto intuir que eso sucederá... al fin sucede.

O sea, muchas veces el engañado —o quien se crió en un entorno de mentiras— genera el escenario propicio para que el otro engañe.

Pero si tú como mujer trabajas para enmendar aquella situación, si tú te convences que tu futuro puede ser independiente de tu pasado, si tú comprendes que la vida de tu abuela y de tu madre son independientes de la tuya... puedes tomar otro rumbo.

—Pero, Sandra...

—Dime.

—Entiendo muy bien lo que me dices. Pero no es sencillo de lograr.

—Por supuesto que no es sencillo. Pero es posible hacerlo. ¡Te aseguro que tú puedes lograrlo! Es cuestión de animarse a tomar decisiones firmes, siendo conscientes que desde nuestras decisiones podemos modificar patrones errados y traer soluciones a nuestra vida. Lo que yo intento decirte es que la solución no necesariamente es salir corriendo sino quedarse en dónde estás para analizar la situación con detenimiento.

—¿Y si una vez que he analizado la situación con detenimiento llego a la conclusión que no hay más salida que el divorcio?

—Entonces... ¡adelante! Pero ahora tendrás la tranquilidad de saber que tu decisión no es fruto de un impulso sino de un razonamiento.

Llegada esta instancia hay un punto que es importante recordar: en estos momentos de crisis y dudas el apoyo de un profesional se vuelve importante. Porque será con este profesional con quien puedas analizar como es debido la tormenta que te atraviesa, y así también evitarás tomar conclusiones precipitadas.

La clave en este período es no apurarse. Cálmate, detente, respira, analicemos juntas todo lo que rodea. Veamos lo que tienes, dónde estás, hacia dónde quieres ir. No tomes decisiones trascendentes bajo el influjo de la ira, la pelea y el resentimiento. Porque nada bueno sale al amparo de esas emociones manejadas sin asertividad.

Y de más está decir que no todos los casos son iguales, que cada matrimonio es diferente al otro. No me manejo del mismo modo con quien atraviesa el desgaste de la rutina tras años de convivencia que con quien padece una repentina infidelidad, que con quien sufre violencia verbal o física. Cada caso tiene sus particularidades, cada caso requiere un acercamiento diferente. Y los profesionales estamos capacitados para darle a cada caso el tratamiento adecuado.

Quién es quién

Otro tema es quién toma la decisión de divorciarse. Ahí se involucran otros aspectos: quién es la víctima y cómo lo asume. Y a partir de ahí qué rol ocupa cada uno en el divorcio.

Yo trato de consolidar el manejo emocional, al punto que al final casi que da lo mismo si fuiste víctima o victimaria, porque mi fin es que quien me venga a ver se fortalezca, y pueda asumir lo que sucede a su alrededor. No importa tu papel en esta historia, lo que importa es que no te veas afectada por demás, a lo que yo aspiro es a que tú y tu pareja (sigan juntos o separados) sean capaces de superar sus contratiempos con madurez.

Ante una crisis de pareja hay preguntas clave que debemos hacernos. La respuesta sincera a esas preguntas nos resultará muy útil a la hora de escoger el mejor camino posible. Aquí te haré algunas de esas preguntas. Tú escúchame con suma atención y respóndelas con la mayor sinceridad:

- ¿Qué cargas emocionales no resueltas tienes en tu vida?

- ¿Se te está acabando el amor? Entonces respóndeme lo siguiente: ¿Cómo le comunicarás a la otra persona lo que estás sintiendo?

Lo sé, lo sé. No son preguntas de respuesta sencilla. Así que te invito a que escríbase estas respuestas, cierres el libro, piensa y responde con calma. Nadie te apura, tómate tu tiempo.

_____

_____

_____

_____

¿Has vuelto? Entonces sigamos adelante. Pues aquí llegamos a un punto sensible y usual dentro del marco de una relación caótica: la codependencia. A continuación, te daré un ejemplo: En una pareja uno de sus integrantes es alcohólico y el otro cree estar sano. Tú tal vez creas que aquí hay un tema a solucionar de parte de un integrante de la pareja. Te diré que no es así. Aquí lo que hay es un tema a solucionar por ambos integrantes de la pareja. Porque quien no bebe, de un modo u otro, también está enfermo, pues se genera inevitablemente un vínculo de codependencia que involucra a ambos. Y si no comprendemos que el tratamiento debe abarcar a ambos integrantes de la pareja, ese estallido será inevitable.

Y de más está decir que he dicho del alcoholismo es tan solo un ejemplo que puede ser trasladado a infinidad de cuestiones de la vida cotidiana.

Los problemas de la pareja son siempre un tema a solucionar en conjunto. Aquí nadie es único culpable, aquí nadie es único salvador. Los conflictos de esa pequeña sociedad llamada "pareja" o "matrimonio" son siempre un tema a solucionar de a dos. El tema de la codependencia es tan rico que de él podríamos hablar durante un buen número de capítulos.

En suma, y para ir cerrando la visión psicológica de este primer capítulo: no olvides que separarte jamás debe ser fruto de un impulso o de un enojo sino de una decisión meditada en profundidad. A la hora de plantarte cara a cara ante la posibilidad certera de un quiebre en tu pareja, te invito a responder la siguiente pregunta: ¿Qué tan abierta y dispuesta estás para asumir un divorcio?

Porque hay mujeres que desean divorciarse y ni siquiera se conocen a ellas mismas ni mucho menos saben la capacidad que tienen para afrontar la vida con sus propias habilidades, ni entienden qué es lo que realmente desean hacer para lograr manifestar lo que quieren ser. Entonces, te ruego que, por favor, antes de emprender el camino de la separación, te animes a responder las siguientes preguntas que te haré:

- ¿Hice todo lo posible para sacar mi matrimonio a flote?

_____

_____

- ¿Qué espero de mí?

_____

_____

- ¿Cómo me veo dentro de un año?

_____

De este modo, tomes el camino que tomes, tendrás la tranquilidad de haberlo hecho todo.

De haberlo hecho todo por ti y también por tu familia.

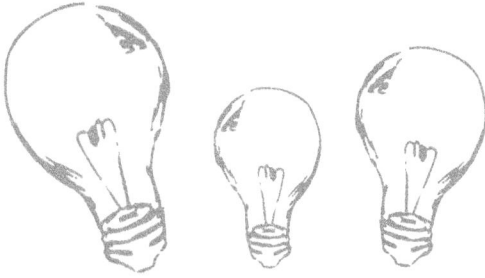

RECURSOS TERAPÉUTICOS

Quiero compartirte una historia que encontré y me ha llamado mucho la atención. Nos será útil para reflexionar y entender que las decisiones son nuestras, que lo que construimos es lo que deseamos tener.

SENTENCIA DE DIVORCIO

—Señor Juez, yo creo que es cierto. Así que voy a aceptar la sentencia de divorcio sin ninguna obligación de parte de mi marido hacia mí. Después de todo, yo podría haber sido una mujer profesional e independiente.

—¿Y por qué usted no se convirtió en una mujer profesional e independiente? ¿Hay alguna razón que se lo impidiera? Le preguntó el juez.

—Realmente, Señor Juez, no había ninguna, fueron decisiones tomadas por mí voluntariamente.

—¿Puede ser más explícita y enumerarme las razones que alega?

—Bueno, cuando me casé, yo acababa de graduarme de la secundaria. Mi intención había sido estudiar enfermería, pero no había dinero para pagar los gastos de dos personas estudiando, así que yo le dije a mi esposo que estudiara él y que luego lo haría yo.

—Bien, ¿y qué pasó cuando él se graduó de ingeniero, por qué no estudió usted entonces?

—Pues verá, él me pidió que tuviéramos un hijo, ya que llevábamos cinco años casados, y yo accedí a sus deseos.

—¿Y qué pasó después?

—El niño nació, pero mi esposo no quería que lo cuidaran personas extrañas y yo entendí que él tenía razón, pero que con lo que él ganaba no podíamos pagar a otra persona. Así que decidí quedarme en la casa con nuestro hijo.

—¿Y qué sucedió luego, cuando el niño creció, por qué no fue a estudiar?

—Para ese entonces teníamos dos hijos más.

—¿Dos más?

—Sí, porque después de que tuvimos el primer hijo, mi esposo me pidió tener otro hijo, así que tuvimos el segundo tres años después, pero era otro varón...

—¿Y qué tiene eso que ver?

—No, no había ningún problema, estábamos muy felices, pero mi esposo me dijo que para que la felicidad fuera completa, debíamos tratar de tener una niña.

—¿Y entonces por qué no estudió cuando ella creció?

—Porque no había quién pudiera llevar al mayor a las prácticas de deporte, ni a la escuela, pues el autobús los dejaba muy lejos de la casa.

Así que, pensando en su seguridad, mi esposo y yo decidimos que yo les llevaría a la escuela y les recogería. Mi rutina diaria era: dejar al mayor en su colegio, llevar al segundo a la escuela primaria y regresar a casa con la niña para hacer todas las tareas del hogar y preparar todo para la tarde. Después, tenía que ir a recogerlos y dejar al mayor en las prácticas de deporte, mientras llevaba a la niña a clases de ballet.

—¿Entonces, siguió usted retrasando su educación?

—Sí, Señor Juez, pero lo hice de propia voluntad.

—Y cuando sus tres hijos ya no dependieron más de usted, ¿por qué no regresó a la universidad?

—En aquel tiempo la madre de mi esposo había enviudado, se enfermó y necesitaba de alguien que la cuidara, así que hablamos del asunto y llegamos a la conclusión que no la íbamos a poner en un hogar de ancianos, sino que la traeríamos a vivir con nosotros.

—¿Y cuánto duró esta etapa?

—Bueno, unos seis años. Ella tenía Alzheimer y como la cuidábamos con tanto cariño, ella vivió más que si la hubiéramos puesto en un asilo. Aunque un día, después de regresar del paseo que todas las mañanas dábamos por el parque, ella murió.

—¿Y durante todos estos años, había alguien que le ayudara con los niños y su suegra?

—¿Ayudarme? ¿A qué?

—Pues a limpiar la casa, cocinar... las labores normales de cualquier hogar.

—No, aunque mi esposo ganaba muy buen sueldo, con tres hijos que criar, los gastos de la educación, los gastos de la medicación de su madre y todo, no había suficiente dinero. Yo trataba de ahorrar, pero claro...

—¿Usted ahorraba...?

—Sí, de alguna manera trataba de reducir los gastos al mínimo, así que en lugar de llevar la ropa de mi esposo y la de mis hijos a la lavandería, la lavaba y planchaba yo en casa. También yo misma arreglaba el jardín, aunque me costaba mucho, por los problemas de columna, pero siempre hice todo lo que pude para que nuestro jardín estuviera arreglado y hermoso.

—¿Y quién cocinaba, usted?

—Por supuesto, mi esposo odiaba la comida de los restaurantes. Como él tenía que almorzar fuera con sus clientes tantas veces, decía que nada como la comida que yo le preparaba.

—¿Y usted iba a esas comidas con su esposo?

—No, no tenía tiempo. Precisamente fue en una de esas comidas que conoció a Sofía.

—¿Sofía? ¿Quién es Sofía?

—Su novia, la joven con quien se va a casar cuando arreglemos lo del divorcio.

—¿Y cómo sabe usted que se va a casar con ella?

—Porque me encontré con ellos en casa de unos amigos comunes el día que estaban dando la noticia de su compromiso.

El Juez se quedó mirando a la mujer y al ex esposo. Se levantó, tomó la carpeta con todos los datos y se retiró. Todos se quedaron mirándose, mientras se sentaban a esperar que el Juez regresara.

Al cabo de unos minutos el Juez entró en la sala, se sentó, abrió una de sus carpetas y dijo:

—Señores he revisado cuidadosamente esta demanda. Y he llegado a las siguientes conclusiones:

El divorcio se le adjudica con fecha efectiva a partir de hoy.

Y su esposo "NO" tiene que pasarle ningún tipo de manutención.

Al oír estas dos decisiones, el abogado y el ex esposo se miraron sonrientes. Pero el Juez, continuó diciendo:

—La declaro a usted señora, única dueña de la casa, del Mercedes Benz, de la propiedad de su ex esposo, de la cuenta de ahorros, así como la beneficiaria absoluta de los seguros de vida y planes de retiro de su ex esposo. Además, él tiene la obligación de seguir pagando su seguro médico hasta que usted muera. Mi decisión se basa en la consideración de que: Sumando los sueldos que usted merece como ama de casa al realizar todas las tareas ya mencionadas y también por todos los cuidados dados a su esposo, hijos y suegra, mi decisión es apenas una retribución parcial de salarios retenidos por los veintiséis años de servicios ininterrumpidos que usted ha prestado. Como hay que ser objetivos, sabemos que su esposo no podrá cumplir con esta deuda, pero entendemos que pague lo que pague, si bien no será nunca suficiente, por lo menos, será relativamente justo.

Además, si usted decide regresar a la universidad a estudiar la carrera que escoja, él pagará por sus gastos de educación, transporte y libros.

Caso de la vida real. Enero /2003 - Corte de la familia Sídney, Australia
Tomado de Reflexiones para el Alma. De José Luis Prieto
y Vicente Forner

CAPÍTULO 2

Paso a paso tras un divorcio

Nada es absoluto. Todo cambia, todo se mueve, todo gira, todo vuela y se aleja

Frida Kahlo

Aléjate de la historia que te está reteniendo. Adéntrate en la nueva historia que estás dispuesta a crear

Oprah Winfrey

LAS MUJERES DICEN

"Nunca imaginé que yo fuera a atravesar un divorcio. Si teníamos las cosas tan claras... Además, estábamos súper enamorados, no sé qué pasó y en qué momento llegué a esto".

"Yo creo que necesitamos un tiempo para valorarnos. Él va a cambiar. Es un gran hombre, y la idea es saber qué sentimos el uno por el otro".

"Sentí que me liberé. Ahora tengo ganas de vivir mi vida a mi estilo. Me siento joven, feliz y con ganas de hacer mil cosas".

"Lloré por mucho tiempo. Me sentía abrumada, muy pero muy triste. Pensaba que jamás podría salir adelante. Ni siquiera me daban ganas de comer, de hablar con la gente. La pasé mal, tan mal que debí asistir a terapia para salir de esto. Hoy me siento bien a pesar de que cuando lo recuerdo me lleno de nostalgia".

"Nunca va a poder quitarme a mi hijo. Es un desgraciado. Nos abandonó y se burló de mí, de nosotros. Pero si quiere pelea la va a tener. Estoy dispuesta a llegar más allá de lo que él cree, así me quede en la calle".

UNA VISIÓN PSICOLÓGICA

ETAPAS, APRENDIZAJE Y CRECIMIENTO

La vida no es una línea lisa, recta y plana. La vida está constituida de giros, barreras, puentes, túneles, curvas y cruces. En fin, la vida no es lineal, sino que está conformada de procesos y etapas. Y esas etapas no solo están hechas de logros y satisfacciones, esas etapas también están hechas de momentos de crisis y dolor. Lo que quiero decirte con esto es que los tiempos de crisis también son un tiempo de aprendizaje y crecimiento.

En una relación de pareja tú te conoces con el otro, inicias un noviazgo, la relación se consolida, se convive... pero puede llegar un punto en el que llegan las dudas, los problemas, la falta de comunicación, y eso puede derivar en una crisis. Y hay crisis de las que podemos salir adelante, y hay crisis que se vuelven inmanejables, que crecen y crecen hasta que decidimos romper. Y eso deriva en la separación y el posterior divorcio. Esa separación también es parte de un proceso. Un proceso duro de sobrellevar, pero del que debes intentar obtener un aprendizaje que te sea útil para futuras experiencias, pues tu vida no culmina tras ese divorcio.

Y aquí me agradaría detallar el proceso que se lleva a cabo tras una separación, pues hacerlo te ayudará a entender la raíz de la situación. Y cuando seas capaz de entender el origen de la situación te será más sencillo lograr cambios y mejoras que perduren en el tiempo, y te ayuden a no recaer en los mismos errores y situaciones.

Primera etapa
El shock

Esto ocurre cuando se recibe la noticia de la separación. Noticia que muchas veces es inesperada para un miembro de la pareja. Allí se genera un estado de inestabilidad, y surge un mecanismo de defensa que te impide entender qué sucede.

Este shock también puede ser esperado. Si tu relación ya hace tiempo que está deteriorándose, seguramente se irá perdiendo el respeto entre los integrantes de la pareja, habrá cambios de actitud, se perderá el cariño por el otro. Esta situación lo más factible es que culmine en el mutuo acuerdo de cortar, pero aun así es un shock, un impacto, un choque nunca sencillo de aceptar.

Esta primera etapa de shock puede durar instantes, días, o semanas. Y en este tiempo es usual que surja la imposibilidad de aceptar la nueva realidad. Es frecuente que te preguntes:

—¿Cómo pude haber llegado a esto?

O que te preguntes:

—¿Ahora qué voy a hacer?

Y notarás con decepción el modo en que tu pareja te excluye de su vida (tal vez incluso porque se esté yendo de casa). Este shock se asemeja a un duelo, al sentimiento de pérdida que se atraviesa cuando inesperadamente alguien fallece.

Segunda etapa

La negación

Esta etapa tiene cierta relación con la primera. Puede durar semanas, o también un par de meses. Aquí lo que ocurre es que se te hace difícil aceptar tu nueva realidad, y comienzas a justificar la situación creyendo que, de alguna manera, todo se va a arreglar, que la otra persona tomó una decisión apresurada, reflexionará y todo volverá a los cauces normales. O tal vez creas que, si enderezas determinada falencia propia, el vínculo con tu ex pareja se va a arreglar. Esta negación tiene un gran problema: crea expectativas en general infundadas. Y la combinación del estado de shock que describí con anterioridad sumado a esta negación, suele conducir a un estado de inconsciencia que te aleja de la realidad.

En esta instancia es frecuente que se forme a tu alrededor un collage de emociones. Por momentos sentirás tranquilidad (pues tras la separación desaparece el caos que generaba la convivencia), pero también sentirás tristeza por la ida de la pareja. Aquí, como los hijos ya no cuentan con la compañía del padre o la madre, aparece un factor importante del que hablaremos en detalle más adelante: la culpa. Y también llega la rabia, las situaciones frustrantes, las emociones de difícil identificación.

Es en esta etapa cuando se suelen cometer errores que cuestan caros, ya que nuestra confusión emocional nos lleva a equivocarnos, a decir lo inapropiado o a hacer lo que no nos favorece. Y por supuesto que esto lo puede vivir un integrante de la pareja o ambos. Nuestra mente, exigida al máximo, se vuelve una licuadora repleta de ingredientes que no puede asimilar.

Pero también puedes atravesar estos procesos de modo más llevadero: aceptas el bombardeo de emociones, asumes la nueva realidad, te organizas, entiendes que estás viviendo un caos emocional, y que eso hace que los pensamientos que llegan a tu mente no sean siempre los adecuados, y también comprendes que la incertidumbre ante los cambios económicos, afectivos y de vivienda son parte de un proceso que debe ser atravesado.

Tercera etapa
El caos

Esta es la etapa que merece más atención, pues puede prolongarse por largos meses e incluso por años. O sea, debes ser cuidadosa, pues aquí puedes quedar atrapada. Este período puede actuar como un ancla que te detiene y te impide avanzar en pos de tus próximos objetivos. De suceder esto que describo, es fundamental que recurras al apoyo de un profesional.

Esa tercera etapa suele englobar una sub etapa que consta de lo siguiente: te mientes a ti misma y simulas que estás saliendo adelante. Pero es una sensación engañosa, porque en realidad nada funciona a tu alrededor, la vida no fluye, el stress y la angustia crecen, lo que comienza se destruye, todas las culpas se trasladan a la ex pareja, tus hijos muestran problemas en la escuela, te cuestionan y no te hacen caso. Y eres tú quien debe ordenar ese caos emocional para ayudarte no solo a ti sino también a tus hijos. Si estás atravesando esta situación te sugiero que, antes de buscar terapia para tus hijos, búscala para ti. Mi experiencia de tantos años en esta área me indica que la mayoría de las personas que creen que pueden salir adelante solos, precisan de ayuda.

—Pero Sandra, dime una cosa: ¿qué hago si me doy cuenta que estoy empantanada en esta tercera etapa? ¿Debo inevitablemente quedarme aquí por años? ¿Cómo hago para pasar al próximo nivel?

—Es muy buena tu pregunta. Y te responderé con sencillez. Yo te animo a una sola cosa: a que tomes las riendas de tu vida actúes lo más pronto posible. Si así lo haces ganarás armonía para ti y para tu entorno. Y si no te sientes capaz de poder hacerlo... ¡pídele ayuda ya mismo a un profesional! Eso te ayudará a sumar una visión externa de lo que estás viviendo, podrás tener quién te muestre una realidad diferente, y te ayudará a quitarte la venda que tienes alrededor de tus ojos. Comprender que no puedes salir sola de una situación complicada, y pedir ayuda no demuestra debilidad sino inteligencia y sabiduría.

Cuarta etapa

Aceptación

Te felicito. ¡Lo has logrado! El que hayas alcanzado esta etapa indica que has dejado atrás el caos que gobernaba tu vida. Pero atención, no te confíes, aún debes recorrer un trecho. Sé muy bien que estás transitando una cuerda floja en la que es muy sencillo perder el equilibrio, por lo tanto, te animo a que sigas avanzando con pasos firmes y seguros.

Es aquí que comienzas a armar estructuras y a tener un cierto control sobre tus emociones. Escucha esto que tengo para decirte: no te confíes, pues habrá momentos de dudas y de querer explotar, pero debes contenerte, pues la ira puede significar un retroceso. En este período tu principal objetivo debe ser no volver atrás y continuar el camino de la recuperación. Este es tiempo de seguir escalando. Ya notaste cuánto daño te genera el caos emocional en el que estuviste sumida, así que no te detengas y pronto llegarás a la siguiente etapa.

¡Sigue adelante!

Quinta etapa
La recuperación

El camino no está recorrido del todo, pero ya has dejado lo más duro atrás. Y lo que es más importante: has aprendido mucho. Te diste cuenta que no vale la pena discutir con tu ex pareja, que no vale la pena justificarte, que hay temas por los que antes discutías que ya no son parte de tus intereses actuales... Ahora sabes separar lo valioso de lo prescindible, ahora sabes que hay otras formas de ocupar tu tiempo. Llegar a esta situación es un logro. Ya no te preguntas por qué atravesaste esta crisis, ni te empantanas en recordar el tiempo que pasaste llorando, ahora tan solo dejas eso atrás. Y al dejar eso atrás llega a tu vida la calma y la paz. Y eso te permite pensar con mayor claridad y utilizar tu tiempo para mejorar tu vida y la vida de quienes te rodean.

Pero déjame detenerme por un instante para decirte lo siguiente: tal vez tú estés pensando que no sabes cómo alcanzar esta etapa. De ser así escúchame con atención:

—Sé cómo ayudarte a llegar a este punto. Puedo facilitarte las herramientas que te hacen falta para que recorras este largo camino del mejor modo posible. He acompañado a muchas mujeres que sentían la misma pena que tú sientes ahora. Yo misma he cargado con ese peso en mis espaldas. Y he salido adelante. Si de veras te sientes incapaz de seguir adelante, recurre a mí.

Y no temas por el dolor que inunda tu alma. Permítete sentirlo, está bien que en este momento de tu vida el dolor sea un compañero de viaje. Es lógico y normal. Pero también hay algo que debes tener en claro: el sufrimiento es opcional. Si hay una situación crítica que causa dolor, el dolor será inevitable. Pero el sufrimiento es otra cosa, el sufrimiento, insisto, es opcional. Y eres tú quien decide cuánto tiempo quieres sufrir una situación de crisis, cuánto tiempo quieres quedarte ahí.

¿Semanas?

¿Meses?

¿O acaso años?

Tú decides. Y esa acción debes tomarla ya.

¡Ya!

Dime, ¿te sientes identificada con las etapas que he descrito? ¿Estás estancada en alguna de ellas? ¿No logras ver la raíz de estas etapas, y pensaste que podías superarlas tú sola, y sin embargo aún hoy sigues estancada?

Quiero decirte algo: no es tarde, aún estás a tiempo.

Por supuesto que aún estás a tiempo.

Te aseguro que puedes dejar el dolor atrás, puedes retomar la senda del bienestar emocional, puedes pasar al siguiente nivel. Y cuando eso suceda tu compañero de ruta ya no será dolor sino el aprendizaje. Y caminarás sin temor, con confianza y con firmeza. El centro del escenario será tuyo, y los focos de luz te alumbrarán a ti.

Y jamás olvides lo que te dije minutos atrás: El dolor es inevitable, pero el sufrimiento es opcional.

¡No te estanques!

El tiempo que te puede llevar recorrer las etapas antes mencionadas es muy variado. Hay personas que las superan en seis meses, a otros les lleva dos años, o más. Y también hay excepciones, como quienes jamás se recuperan, quienes se quedan por siempre estancados en el rol de víctimas, en la queja y el lamento. Hablamos de personas gente cuya autoestima fue muy atropellada, pero también es cierto que algunas de estas personas se quedan en ese sitio por elección propia, porque muchas veces el lamento y la inacción son más cómodos que intentar volver a ponerse en marcha. Son personas que al ocupar el rol de "pobrecito" o "pobrecita" no solo se sienten cómodos sino también acompañados de algún modo. Hablamos de un porcentaje pequeño, pero que existe y debe ser atendido.

Hay un estudio del 2016 realizado por la Universidad de Nuevo León en México (publicado por el Centro de Investigación y Estudio de la Universidad Autónoma de México) que habla de un aumento acelerado de los casos de divorcio. El estudio indica que en seis de cada diez casos fueron las mujeres las que tomaron la iniciativa. Las causas por las que las mujeres piden el divorcio son la agresividad de la pareja (en un 11% de los casos), el alcoholismo de la pareja (en un 8%), la irresponsabilidad de la pareja (en un 7%), y discusiones (en un 6%). Este estudio muestra además que, una vez sucedido el divorcio, un alto porcentaje de mujeres deben hacerse cargo de los hijos ya su vez deben incorporarse al mercado laboral, y que tres de cada cuatro mujeres no reciben pensión alimenticia. Entonces, tras analizar a decenas de miles de casos en diferentes ámbitos, se ha llegado a la conclusión de que son las mujeres las principales afectadas ante un divorcio.

—¿Y por qué sucede esto, Sandra? ¿Por qué nosotras?

—Porque algunas mujeres no son tan independientes en sus actividades, y al ser sorprendidas por el divorcio asumen roles que jamás imaginaron, y se sienten abrumadas de responsabilidades que no tenían antes. Y muchas de ellas encaran esa situación sin poder contar con el respaldo de una pareja. Y también porque las mujeres solemos sentirnos más responsables de conservar y mantener una idea de familia, y también un ideal de familia.

—¿Más que los hombres?

—Sí, más que ellos. Y claro que hay excepciones, pues no

son pocos los hombres se comportan de modo responsable y amoroso, pero las estadísticas nos indican que las mujeres solemos comportarnos de un modo más responsable.

Volviendo a las etapas, es de vital importancia que sepas y logres aceptarlas y superarlas. ¿Y por qué? Para seguir transitando la senda de tu propio crecimiento, y también para mostrarles a tus hijos que atravesar un divorcio es sin dudas un golpe, pero no es el fin del mundo. El modo en que superes tu divorcio será parte no solo de la educación que le darás a tus hijos, también tendrá consecuencias en el modo en que ellos, una vez alcanzada la adultez, puedan sobrellevar su vida sentimental y solucionar una crisis.

No todo es lo mismo

Todas estas variables pueden cambiar según tu edad, según el tiempo que llevabas junto a tu pareja. No es lo mismo divorciarse al año de estar casada que tras veinte años de convivencia. No es lo mismo divorciarse siendo una jovencita que siendo una mujer madura. A diferencia de una mujer joven, una mujer de mediana edad debe lidiar con un mayor número de expectativas rotas. A mayor edad existe la idea de que hay sueños que ya no podrán cumplirse, y eso suele ser un peso extra que cargar. Aunque a mayor edad también es posible que haya más experiencia y recursos con los que afrontar una crisis afectiva y/o económica. Esta es una situación compleja en la que no hay reglas fijas, todo varía según las particularidades de cada individuo, según las características de cada pareja. Por lo tanto, más allá de las generalidades, cada caso debe ser examinado y tratado como único.

Por otro lado, es cierto (y lo que ahora señalaré está avalado por un artículo escrito por especialistas en Los Ángeles Times), que cuando el matrimonio lleva mucho tiempo unido, es más difícil que se dé un divorcio. Esto ocurre porque en los matrimonios de larga data suele haber mayor madurez y tolerancia. Aunque como bien dije con anterioridad: siempre hay excepciones, es más, separarse después de mucho tiempo o a edad avanzada, también puede llegar a ser particularmente peligroso para la salud emocional y financiera.

Lo único seguro, y que atraviesa a la totalidad de los divorcios, es que más allá de cualquier diferencia, es innegable que atravesar un hecho de estas características es una situación estresante. Y está en ti y en tu pareja sortearlo del mejor modo posible, con la madurez, responsabilidad y sentido común que requiere la situación. Por respeto a ti, por respeto a tu ex pareja, por respeto a tus hijos, y por respeto a la vida que aún te resta por vivir. Una vida que te deparará más experiencias, relaciones y amores.

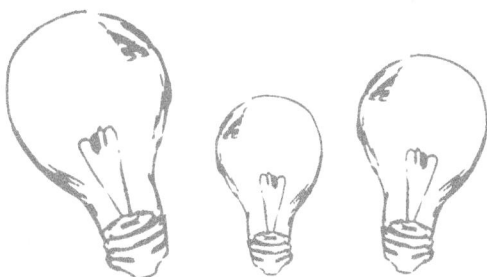

RECURSOS TERAPÉUTICOS

**¿Te has tomado tiempo para preguntarte
en qué etapa te encuentras?
¿Cómo te sientes?
¿Hacia dónde vas?**

Nunca es tarde para hacerlo. Y aquí vuelvo a invitarte a que te tomes una pausa, vuelvas a leer la pregunta que acabo de hacerte, cierres el libro, y respondas con calma. Busca en tu interior. Te aseguro que en lo más profundo de ti misma se encuentra la respuesta a estos interrogantes.

_____
_____
_____
_____
_____
_____
_____
_____

A continuación, retoma cada una de las etapas y revisa: ¿Cuál o cuáles etapas consideras que ya has atravesado? Y después determina en cuál te encuentras ahora. Puedes regresarte unas hojas atrás para rectificar las etapas.

○ Shock
○ Negación
○ Confusión emocional
○ Aceptación
○ Recuperación

Documentar:

Cuando escribes lo que piensas, proyectas o te propones, tu cerebro lo organiza de una manera extraordinaria. Procesa tus pensamientos (lo que ves, escuchas y percibes) y la estructura de una manera más clara. Luego nuestros mecanismos neuronales se activan logrando que las áreas del cerebro se sincronicen, y así puedas liberar y expresarte con tu propia voz. De esa manera lo entiendes con claridad y al leer tus propias palabras que han salido desde tu interior, el cerebro lo asimila y acepta desde lo que eres, por lo tanto, la respuesta será más certera ante lo que estás resolviendo, y cuando se trata de respondernos a situaciones difíciles aun costándonos más el resultado es placentero.

Es esta la razón por la cual, en este libro te sugiero escribir las respuestas a los cuestionamientos que planteo. Así que vamos a intentarlo, lee, piensa, siéntelo y escribe.

¿Qué es lo mejor que te ha pasado (te puede pasar) al estar en (escribe la etapa en que te encuentras)?

_____

_____

_____

_____

¿Cuál es el escenario más complicado al estar atravesando esa etapa de tu vida después de atravesar un divorcio?

_____

_____

_____

_____

CAPÍTULO 3

Emociones y sentimientos: nuestros aliados o enemigos

Como seres humanos, todos queremos ser felices y estar libres de la desgracia, todos hemos aprendido que la llave de la felicidad es la paz interna. Los mayores obstáculos para la paz interna son las emociones perturbadoras como el odio, el apego, el miedo y la suspicacia, mientras que el amor y la compasión son las fuentes de la paz y la felicidad

Dalai Lama

El resentimiento, la crítica, la culpa y el miedo aparecen cuando culpamos a los demás y no asumimos la responsabilidad de nuestras propias experiencias

Louise Hay

LAS MUJERES DICEN

"Te juro que quiero matarlo cuando lo veo".

"Es un desgraciado. Nunca pensó en mí, todo fueron promesas vacías".

"Estoy cansada de llorar, ya ni me salen lágrimas. Y el otro feliz con su novia".

"Sin duda el divorcio fue lo mejor que me pudo pasar. Ahora hago las cosas por mí y soy feliz".

"Es un asco de hombre. Cada vez que lo veo está peor. No sé cómo no me di cuenta antes".

"Me siento frustrada. Ya nada me sale bien. Las cosas van cada día peor".

"Si algún día volviera con él... le hago pagar todas las que me hizo".

"Yo tengo la culpa de todo esto que está pasando. Yo sé que él esperaba más de mí, y no supe dárselo".

"De pronto empezó a mentirme. Y luego llegaba a casa lleno de rabia y a veces me empujaba y gritaba. La verdad es que ya me daba hasta miedo escuchar que él llegaba a casa, yo temblaba por dentro".

"Yo sabía que esto iba a terminar así. Ahora también quiere quitarme a mi hijo. Y todo es mi culpa porque nunca fui capaz de ponerle frente a lo que pasaba. Estoy enloqueciendo. Me da mucho miedo esto que estoy viviendo y no sé qué hacer".

"Hoy su vida está destruida por mi culpa y eso me hace sentir muy mal".

UNA VISIÓN PSICOLÓGICA

UNA MONTAÑA RUSA DE SENTIMIENTOS

Son muchos y variados los sentimientos y emociones que puede llegar a significar un divorcio. Son tantos que bien lo podríamos comparar con una montaña rusa. Y una de las emociones más usuales es nada menos que el miedo.

Sí, el miedo. Esa emoción que nos lleva a tener un sentimiento de desconfianza o de reaccionar ante el peligro. ¡Y ese sí que es un sentimiento vertiginoso!

El hombre puede sentir miedo de salir de su hogar, la mujer puede sentir miedo a la soledad, y lo que es aún peor, los hijos pueden llegar a sentir miedo a ser abandonados ante la partida de mamá o de papá. Son incontables los miedos que pueden llegar a embargar a cada integrante de la familia:

- ¿Perderé el amor de mis hijos?
- ¿Volveré a conseguir pareja?
- ¿Qué hago si mi pareja se pone en pareja antes que yo?
- ¿Cómo pagaré las facturas?
- ¿Hice todo lo posible para salvar mi matrimonio?

El miedo puede atenazar a todos los integrantes de la familia. Y en medio de ese caos es casi inevitable que cuestiones tus acciones, que dudes de cada decisión que debas tomar.

—O sea que al miedo debo sumarle la duda, Sandra.

—Exacto. Yo te lo he dicho: esto se trata de una montaña rusa de emociones.

—¡Y una coctelera de emociones!

—Estás en lo cierto. Es por eso que, a pesar de tantas dudas e inestabilidad, debes hacer el esfuerzo por mantener el mayor grado de equilibrio posible. Y que si te das cuenta que aun así el suelo tiembla bajo tus pies, busques ayuda. Pero sigamos adelante.

En este punto son usuales las discusiones entre los integrantes de la familia. Y es tristemente frecuente que nuestros hijos no sean solo testigos sino también protagonistas de estas discusiones.

No olvides lo siguiente: el caos que vives es el caos que le proyectas a tus hijos.

Y el que la marea comience a empapar a tus hijos es la señal que te indica que debes detenerte y recalcular hacia dónde te diriges y hacia dónde quieres de veras ir.

Por favor, préstale especial atención a esto que tengo pare decirte: Tus hijos no tienen por qué cargar con el peso de los errores de los adultos. Tú te separarás de tu ex pareja, pero no de tus hijos. Ellos serán tu familia hasta el último día de tu vida.

¿Qué son las emociones?

¡Por supuesto que estamos hechas de emociones y sentimientos! Pero... ¿sabes tú de qué estamos hablando? Bien, entonces vayamos al principio. Porque es importante que sepas diferenciar qué es una cosa y qué es otra. Así que te propongo que empecemos a hablar de qué son las emociones como tal (y sus respectivas funciones).

Desde la psicología la emoción es un significado afectivo específico, algo concreto, pero también es subjetivo. Las emociones son de corto tiempo, su principal característica es que generan una respuesta en el organismo que puede favorecer o no la conducta de cada uno de nosotros. Las emociones le dan un valor agregado a cada una de las experiencias que vivimos. Estas nos pueden aportar bienestar y entendimiento, o también nos pueden proporcionar malestar y afectar nuestras reacciones y conductas.

Pero... ¿cómo funciona una emoción? Hay diferentes teorías, y todas coinciden en un punto: el estímulo se conecta con un pensamiento que previamente tiene bastante información para determinar si ese sentimiento es negativo o positivo, y ahí genera ese sentimiento que se conecta a que el sujeto entregue la emoción. El sentimiento perdura en el tiempo, la emoción no. Y ahí se genera la emoción que lleva a la persona reaccionar con determinada conducta. Este es el proceso cómo funcionan las emociones.

Ahora vayamos a los sentimientos. ¿Qué son los sentimientos? El sentimiento es la forma por la que podemos hacer conciencia y razón acerca de la emoción que antes describimos. Un sentimiento tiene más duración que la emoción. Y además un sentimiento es más fuerte e intenso. Una emoción siempre me va a generar un sentimiento, pero no todos los sentimientos me van a generar una emoción. Los sentimientos, más allá de ser más duraderos y de menor intensidad, están vinculados a una sensación en el cuerpo, y eso hace que cuando se tengan esas sensaciones en el cuerpo se relacionen con experiencias, con pensamientos, con imágenes, y por lo tanto eso me llevará a sostener esa emocionalidad.

Enfoquémonos en las emociones como tal.

Dime, ¿cuáles crees que son las emociones más importantes?

Vamos a responder juntas esta pregunta: Cuando atravesamos procesos de divorcios se generan un cúmulo de emociones como el miedo, la culpa, la ansiedad, la tristeza, la ira, e incluso el asco. Hay más, pero nos centraremos en estas. las principales. Hay especialistas en este tema que las clasifican en emociones primarias y secundarias, y esa diferenciación tiene que ver con que las primeras generan las segundas.

El miedo, que es una de las emociones más típicas y básicas, ligada a la supervivencia del hombre. De más está decir que es una emoción que nos paraliza, pero atención: no quiero etiquetar en emociones positivas o negativas.

—¿Por qué, Sandra? El miedo es sin dudas una emoción negativa.

—Comprendo lo que me dices. Sí, el miedo es una emoción compleja y complicada, y por sobre todas las cosas poco placentera, ya que nadie quiere sentir miedo. Pero no quiero tildarla de negativa porque el miedo puede tener su faceta positiva.

—¿Cuál?

—Si no sintiéramos miedo nos lanzaríamos de un precipicio sin que nos importe nada. Por lo tanto, el miedo bien puede actuar como un amigo que nos advierte y protege. Por eso antes señalé que el miedo está ligado a la supervivencia.

En suma, yo creo que no tiene sentido dividir a las emociones como positivas o negativas. Todas ellas, cada una a su modo, son grandiosas. Cada una de ellas son una herramienta que nos pueden ayudar a avanzar, a obtener los logros que nos proponemos. Y el que la sociedad haya etiquetado a algunas de ellas como negativas les ha agregado una carga de oscuridad que no necesariamente tienen.

Otra emoción muy vinculada al divorcio es la ira, ya que suele ser la respuesta a situaciones frustrantes. La ira nace cuando alguien nos hace daño o cuando nos sentimos amenazados, y suele ser destructiva. Cuando una crisis de pareja desemboca en un divorcio no es extraño que nos embarguemos de ira hacia el otro e incluso hacia nosotros mismos. La ira también actúa como un mecanismo de defensa que surge contra el malestar que nos rodea.

En medio de un proceso de crisis puede llegar a surgir el asco. Es una emoción tan potente que incluso puede ir acompañada de sensaciones fisiológicas como la náusea. La frustración, la ira y la decepción, pueden hacer que un integrante de la pareja sienta asco hacia el otro. Asco hacia la mera idea de tenerlo cerca, de tocar su piel, de escuchar su voz.

La tristeza es otra emoción muy usual en estos casos. Es una emoción que, al ser frecuente, no siempre se le presta la atención que merece. ¿Por qué digo esto? Porque si a la tristeza no se la atiende como es debido y se la deja crecer, puede culminar en depresión. Si no logras escaparle a la tristeza, si te has acostumbrado sentirte decaída, desmotivada y sin energía, es importante que pidas ayuda. Y cuando hablo de ayuda no hablo solo de una amistad sino también de un profesional.

—Pero yo tengo buenas amigas, Sandra. Y ellas saben acompañarme en los momentos malos.

—Me parece fantástico. Si estás rodeada de amigas valiosas debes saberte afortunada. Habla con ellas. Pero debes saber que una amistad no puede reemplazar la ayuda de un profesional. Una buena amiga cuenta con infinidad de virtudes, pero jamás contará con las herramientas con las que sí cuenta un buen profesional.

Acerca de la ira

Si hablamos de emociones, un tema a considerar con atención es el de la ira. El convencimiento de no haber podido lograr lo soñado con la pareja genera frustración, y la frustración muchas veces deviene en rabia. Y la ira, en la gran mayoría de los casos, daña e intoxica.

Es importante que te detengas, que te esfuerces por dominar tus emociones, y entiendas las razones de esa ira. Sé que no es sencillo, pero debes ser capaz de identificar lo que sucede dentro de ti para que ese sentimiento negativo no te demore, no te enferme, no te ancle en la vida. La ira no solo no te deja avanzar y crecer, también afecta a todos los aspectos de tu vida, incluso el vínculo con tus hijos, aun tu situación económica. Y a nivel social lo más factible es que las cosas tampoco funcionen, y que quienes te rodean se alejen.

Pero todo esto se puede revertir. Yo te aseguro que todo ese escenario puede ser diferente. Tú puedes modificar este proceso e ir del caos a la armonía. Te lo aseguro, confía en mí: tú puedes modificar este escenario hasta volverlo favorable. Y cuando eso suceda mejorará la percepción que tienes de ti misma, mejorará el vínculo que tienes con tus hijos y también tu situación laboral y económica. En fin, tu vida se encarrilará. Pero para que eso suceda debes controlar la rabia, apaciguarla, debes evitar que te domine y te llene de sentimientos negativos.

Aprende a identificar

Con respecto al manejo de las emociones es relevante que puedas identificar cuál es la situación que te lleva a reaccionar con ira, angustia, o con tristeza... Pregúntate: ¿qué situación detona esta emoción que percibo? Es importante que seas capaz de poner un alto en el camino y entender qué te lleva a tener estas sensaciones y reacciones.

—¿Por qué, Sandra?

—Porque si sabes observarte a ti misma, te será mucho más fácil cambiar tu situación. El saber observarte hace que logres saber qué hay en tu mente. Y otra cuestión importante es que sepas identificar en qué lugar de tu cuerpo sientes esa sensación.

—¿Te refieres por ejemplo al corazón?

—Exacto. Puede ser el corazón, el estómago, la cabeza, las manos... Y ahora pasemos a un tema de peso: la inteligencia emocional.

Hagamos juntas un ejercicio

¿Sabes qué es la inteligencia emocional? Es un ingrediente que te ayudará a auto conocerte, a tener mayor motivación, a manejar tus futuras relaciones, a aumentar tu productividad laboral, en fin... serás capaz de comprender mejor tanto tu mundo interior como el mundo exterior.

—¿Te animas a que hagamos un ejercicio?

—¿Ejercicio de qué tipo, Sandra? ¿Ahora?

—Sí, ahora mismo. Ya lo verás. Préstame atención.

Ante todo, relájate, respira con calma y libérate de urgencias. Recuerda los motivos por el que atravesaste tu divorcio... Piénsalo tranquila, busca esas emociones en lo profundo de tu alma.

¿Qué sientes?

¿Celos, ansiedad, pena, rabia, frustración?

Ahora vayamos un paso más adelante: recuerda el preciso momento en que tu pareja se fue de tu casa. ¿Puedes visualizar ese instante? Mírala como si fuese una escena de una película, la película de tu vida. Ahora dime qué sientes. Y dime otra cosa: ¿en qué lugar de tu cuerpo estás sintiendo esa emoción? Sigamos avanzando y dime algo más: ¿cómo describirías esa emoción? (y aquí te ruego seas lo más descriptiva posible).

Este ejercicio es muy rico. Porque una vez que logres visualizar, identificar, describir y ubicar a esa emoción, serás capaz de manejarlas de manera más asertiva, y encontrarás respuestas adecuadas. ¿Y qué ganarás con esto? Ganarás nada más y nada menos que equilibrio. Equilibrio para controlar tu vida y desarrollarte del mejor modo. Y no solo eso: una vez que seas capaz de reconocer y entender tus propias emociones, serás también capaz de reconocer las emociones de las demás personas, lo que te permitirá dialogar e interrelacionar mejor con tu entorno.

Hay una cuestión que me llama la atención: muchas mujeres le tienen cierto respeto (y a veces incluso temor) a involucrarse con el interior de sus propias emociones. ¡Es nuestra tarea abrazar nuestras emociones! Todas ellas. Las gratas y las otras. Si logras aceptar y abrazar tus emociones ellas serán tus aliadas, y comprenderás que cada una de ellas tiene un porqué y un para qué en nuestra vida.

Regresa a la cabina del avión

Cuando tienes a tu familia a tu alrededor, ¿te has preguntado alguna vez para qué estoy en esta familia, por qué estoy en esta familia?

Cuando te sientes feliz puedes intuir la respuesta, y sabes que todo tiene un sentido. Lo mismo sucede con nuestras emociones. La emoción llega porque tiene una razón para llegar, tiene un para qué. Y la idea es que sea capaz de entender el significado de cada una de ellas. Y si una de estas emociones te altera... ¡debes hacer un alto! Y después pregúntate en qué zona del cuerpo te altera esa emoción, y por qué.

Y después revisa de 1 a 10 cuánto te altera.

Porque jamás debes olvidar lo que ahora te diré: Eres tú quien permite que una emoción te afecte. Eres tú quien regula la intensidad de esas emociones. Tú las debes dominar a ellas, y no al revés.

—Oriéntame, Sandra: ¿qué puedo hacer para manejar mis emociones?

—Empieza reconociendo qué hay a tu alrededor, dónde y con quién te mueves, qué es lo que realmente influye sobre ti. Así te será más sencillo encontrar respuestas a tus procesos, así podrás adelantarte a la llegada de emociones poco placenteras. Acepta que, si las emociones se fueron de control es porque has llevado a cabo un mal manejo, y debes recuperar el control. Dime una cosa: ¿qué hago si pierdes el control de un avión?

—Regreso a la cabina y recupero el mando.

—Exacto. Pero antes de eso debes ser consciente de algo: debes reconocer que perdiste el control. Y una vez hecho eso, como tú bien dices, regresas a la cabina y recuperas el mando. Y en el camino buscas las respuestas que te permitan recuperar ese mando. Porque la solución está en tus manos. Nunca le des la espalda a tus emociones, recuerda que son momentáneas, que pasarán.

Hay componentes que son tus aliados. Uno de ellos es la empatía. Te daré un ejemplo: imaginemos que debes reencontrarte con tu ex pareja para resolver un trámite. ¿Con qué actitud lo verás? Porque si te encontraras con él pensando en todo lo que te hizo, y en todo lo que sufriste, y en todo lo que sucedió para el vínculo entre ustedes culmine en un divorcio... no harás más que generar malestar en tu mente y corazón. Pero si al acercarte a él cambias esos sentimientos por una sensación empática, todo será diferente.

Hay aún más emociones de las que no hemos hablado, como la hostilidad, la envidia, la confianza, la paciencia, el pánico, el rechazo, la satisfacción, la serenidad, la vergüenza, la valentía... Son muchas, y de cada una de ellas podemos aprender algo. Y está en ti que ese aprendizaje se produzca y sea productivo y sanador.

Jamás dejes de hacer consciencia acerca de tus pensamientos, son ellos lo que te ayudarán a lograr algo positivo, son ellos quienes te ayudarán a crear una nueva realidad, porque tú terminas siendo lo que estás pensando. Tú eres lo que piensas. Piensa en positivo y serás positiva. Piensa de modo luminoso y tu porvenir estará bañado de luz.

Por eso una de las esferas que trabajamos en la metodología que llevo a cabo en mi Centro de Desarrollo Psicológico es el trabajo en torno a los pensamientos, emociones y creencias, ya que es el pilar de la fortaleza para lograr sincronizar las demás esferas. El fin de esta metodología es ayudarte a crear una nueva realidad desde la profundidad de lo que realmente eres, ayudarte a descubrir los atributos que te lleven a avanzar con solidez.

Es así como podrás reescribir la historia, tú historia.

Y las emociones y los sentimientos son la base desde la cual podrás comenzar a escribir los primeros capítulos de tu Nueva Historia, lo que redundará en la creación de una realidad que te proporcionará paz y armonía.

—Deseo hacerlo, Sandra. Deseo hacerlo con toda mi alma, pero...

—Te escucho.

—Tengo miedo de que no sea sencillo.

—Tienes razón. No es un trabajo sencillo. Pero te aseguro que, si encaras esta labor con decisión, coraje y amor, podrás alcanzar tus objetivos. Tú puedes lograrlo. Solo debes ser persistente para obtener los resultados buscados y tener una actitud de apertura para recibir las herramientas que te corresponden.

Sobre culpas y responsabilidades

Y aquí entra en juego una palabra compleja, honda, cargada de vericuetos. ¿De qué palabra hablo? De la palabra "Culpa". Quienes atraviesan duelos de pareja suelen estar atravesados por la palabra "Culpa". Apuesto a que tú misma ahora estás cargando esa palabra sobre tus hombros. Y no dudes que sé cuánto pesa, puedo comprender muy bien lo que te cuesta cargar con esa palabra. Pero te haré una invitación. Mírame a los ojos y escucha con atención lo que tengo para decirte:

—Líbrate de la culpa. Descarga ese peso que te dobla la espalda.

¿Entiendes lo que te he dicho? Volveré a repetírtelo:

—Líbrate de una vez y para siempre de la culpa. Quítate esa carga que te dobla la espalda. Ya no más culpa en tu vida.

En cambio, te propongo comenzar a hablar de responsabilidades. En tu historia ya no hay más culpables sino responsables.

Comprende que uno y otro, tú y él, de una u otra manera, fueron responsables para alcanzar esta crisis. Y cuando entiendas esto podrás ver con mayor amplitud y claridad todos los aspectos que encierra un divorcio. Pues cuando dejas a la culpa y al orgullo de lado puedes ver la situación desde distintos puntos de vista, y con un panorama más amplio.

Lo que yo ahora estoy haciendo es invitarte a que te animes a preguntarte qué hiciste (o qué no hiciste) para comenzar una crisis, y así comenzarás a entender lo que te rodea con mayor claridad. El comprender esto te permitirá descargar el peso que cargas contigo, te permitirá proyectar mejor, te permitirá visualizar el futuro de un modo diferente.

Porque nunca debes olvidar que tú, en este mismo momento, estás protagonizando la película de tú vida. Y tú no debes ser ni espectadora ni personaje secundario. Tú debes ser la protagonista de la película de tu vida.

La gran mayoría de las personas llegan a mis sesiones bajo una situación crítica, sus vidas están cargadas de llanto, tristeza, ira, resentimiento... Ante este panorama tan delicado, yo les digo lo siguiente:

—¿Acaso sabe tu pareja o tu ex pareja que tú estás así de destruida, sintiendo todo esto que me estás manifestando?

En la mayoría de los casos el otro no lo sabe. Mientras tú estás aquí hecha un mar de lágrimas, él seguramente en este instante está trabajando, almorzando rico, o viendo una película. ¿No debiera estar él al tanto de lo que te sucede?

No te encierres en ti misma y hazle saber lo que te pasa.

Resistencia al cambio

¿Por qué nos cuesta tanto cambiar? ¿Por qué nos apegamos tanto a la inacción?

Son preguntas no necesariamente sencillas, pues su respuesta se encuentra en lo más hondo de nuestra psiquis. Más allá de eso, hay cuestiones que hacen que nuestra mente se resista al cambio. Enumeraré algunas: Los apegos (no solo los materiales, sino también los apegos a situaciones, a circunstancias, a personas...), la ignorancia (que nos vincula a la falta de consciencia, a no saber estar aquí presentes, a dejar de lado la constante búsqueda de ir más allá), los miedos (al fracaso, al rechazo, al abandono...). Pero hay otro ítem que nos ata a la inacción más que ninguno, y sobre ese quiero hablar. Intuyo que tú ya sabes a cuál me refiero.

—A la culpa, Sandra.

—Exacto. Pero tú ya sabes a mí me gusta comenzar por el principio. Así que, analicemos desde las bases a lo que llaman "culpa".

La culpa puede manifestarse de diferentes formas: tristeza,

frustración, remordimiento, pensamientos reiterativos que no nos conducen a nada bueno... Y es un mecanismo complejo, a través del cual nos volvemos jueces de nuestra vida. ¡Y atención a esto que acabo de señalarte! Porque si tenemos el don de tener un buen discernimiento, el ser jueces de nuestra vida puede ser positivo, pero si nos juzgamos según valores éticos y morales errados o caducos (valores tal vez más acordes a la vida de nuestros padres que a la nuestra), es más que posible que terminemos juzgándonos de un modo errado. Y eso traerá consecuencias indeseables.

Tú ya sabes que, más allá de mi experiencia profesional, también me gusta abrirme, ser sincera al extremo, y compartirte mi experiencia personal. Bien, entonces te diré que, en lo que tenga que ver con este tema, sé doblemente de qué hablo. Porque yo misma, en el pasado, fui una jueza muy dura conmigo misma. Y pese a que he superado esa etapa, debo confesar que hay momentos en los que caigo en situaciones de perfeccionismo, tengo momentos en los que considero que las cosas deben ser inevitablemente perfectas, y que, de no ser así, nada funcionará como es debido.

El deseo de ser perfeccionistas se vincula directamente con la aprobación. Tú debes entender (así como yo también debo entender) que no precisamos alcanzar la perfección para sentirnos satisfechas, y que tampoco precisamos de la aprobación del otro para sabernos plenos.

El día que yo logré entender esto me alivié, comencé a vivir más relajada, y te aseguro que sucederá lo mismo contigo.

Te invito a que hagas lo que debas hacer con amor y por amor al otro, pero no debes necesitar de la aprobación del otro para sentirte plena. Si tú entregas algo con amor, el otro debiera recibirlo con amor. Y eso que tú entregaste tal vez no colme las expectativas del otro, pero para ti eso ya no debe ser un problema ni una desaprobación. Porque tú ya lo diste todo con el mayor de tus amores.

Ofrécele al otro lo mejor de ti. Y después relájate, suelta. Tú ya has hecho lo que debías hacer.

Sobre todo, porque muchas veces todo es una cuestión de percepción: tú ves las cosas de un modo, y un tercero las ve de otro modo. Y está bien que así sea, eso no tiene por qué ser un problema.

Así que no te ancles en el perfeccionismo, pues no conseguirás más que culpa por no estar a la altura de unos parámetros a los que no tienes por qué atenerte.

Tengo algunas preguntas para hacerte. ¿Estás preparada?
Y si seguimos analizando los sentimientos que devienen en la culpa, llegaremos inevitablemente a la autoestima. A ver, dime, hay algo que quiero preguntarte. Y deseo que me respondas con absoluta sinceridad:

—¿Cómo está tu autoestima?

Y también tengo otra pregunta para hacerte:

—¿Y tu autoconfianza? ¿Cómo está tu autoconfianza?

Te vuelvo a invitar a que cierres el libro y pienses tranquila las respuestas. Busca las respuestas en lo más hondo de ti. Y después vuelve, que yo estaré aquí esperándote.

¿Ya te has respondido? Muy bien, ahora déjame decirte algo: La falta de confianza es un problema serio, es un problema a resolver. Y te aseguro que es un problema que tú puedes resolver.

Te daré un ejemplo vinculado a este tema. Si al salir a la calle te distraes y dejas tu bolso en casa, cuando te des cuenta de lo sucedido puedes decir:

—Pero, ¡dónde tengo mi cabeza! ¿Qué me está pasando? ¿Cómo puedo ser así de tonta?

O también, puedes decir:

—Estuve distraída y no me di cuenta que dejé mi cartera allí. Bueno, volveré a casa a buscarla.

O sea, ante una distracción eres tú quien elige si te culpabilizas o si optas por ser comprensiva, perdonar tu olvido, recuperar tu cartera y seguir adelante.

Este que acabo de darte puede parecer un ejemplo menor, pero te aseguro que no lo es. Es a partir de pequeñas reacciones de ese tenor que vamos construyendo el modo en que nos tratamos y juzgamos a nosotras mismas.

En suma, no te maltrates, no te exijas más de la cuenta. Hazte cargo de tus responsabilidades y soluciona tus problemas, pero no te castigues con dureza. Libérate de los sentimientos de culpa que no conducen a ningún sitio en el que tú merezcas estar

La hora de liberarse

Y entonces, ¿cómo te liberas de ese sentimiento de culpa que tanto daño te provoca? Aunque no lo creas, buena parte de la respuesta a esta pregunta tiene que ver con lo semántico.

¿Por qué sabes una cosa? No se trata de culpas, se trata de otra cosa.

—¿Y qué es esa "otra cosa", Sandra?

—La responsabilidad.

—A ver, cuéntame la diferencia entre una y otra.

—La Culpa es lo que te lleva a maltratarte y tratarte a ti misma de tonta por el simple hecho de cometer un error. En cambio, la Responsabilidad es la que te empuja a tomar conciencia sin darte látigo.

Mira, lo que diré a continuación es una opinión muy personal: yo creo que la culpa no debiera existir siquiera como término. Y es justamente por eso que te hablo de Responsabilidad. Porque es eso lo que debes hacer: tomar la responsabilidad de tus actos y acciones. Pero no más culpa, elimina esa palabra de tu diccionario. Vivirás mejor, te lo aseguro.

Yo muchas veces me sentí culpable, y de seguro tú también (en el trabajo, con tu pareja, con tus hijos...). Pues bien, déjame decirte algo:

—Tú no tienes ninguna culpa. Tal vez hayas sido responsable. Y punto.

Y aquí vuelvo a pedirte que sepas identificar y analizar tus sentimientos. Y cada vez que la palabra Culpa comience a rondarte, cambia la perspectiva, deja de lado esa culpa y vuélvela Responsabilidad.

Después viene el segundo paso: Aceptar. Acepta que eres responsable esa situación que, de un modo u otro, tal vez tú hayas creado. Y como eres responsable también eres capaz de cambiar esa situación. Y de cambiarla para bien.

Entiende que tienes derecho a equivocarte, y también tienes derecho a perdonarte. Por lo tanto, no te juzgues por demás, no te lastimes gratuitamente. Date el permiso de ser amable contigo misma para así seguir adelante.

La culpa te hace sentir débil, mientras que asumir la responsabilidad te permite reconocer que puedes equivocarte, te permite ser más amable contigo misma, es hacerte cargo de una situación y dar una respuesta. Es por esto que líneas atrás me refería a "lo que le llaman culpa" pues a mi parecer el término culpa no tiene un sentido claro, más si un efecto fuerte sobre cada uno de nosotros que nos lleva a comportarnos como víctimas, a vivir en el lamento y la queja. Por eso te expongo aquí la posibilidad de ser gentil contigo misma, enfrentar la situación, tomarla en tus manos para poder actuar de una manera asertiva, pues el responsabilizarte de lo que sucede y actuar en consecuencia, te ayudará a transformar lo que era el problema inicial en una respuesta más asertiva.

¡Hora de escribir!

Ahora te haré una propuesta, responde las siguientes preguntas:

¿De qué cosas me sentí o me siento culpable a lo largo de mi vida?

_____
_____
_____
_____

¿Fui una buena hija?

_____
_____
_____

¿Fui la estudiante que anhelaba ser?

_____
_____
_____
_____

¿Alguna vez destraté a un familiar o amigo?

_____
_____
_____
_____

¿Fui todo lo buena esposa que soñaba?

_____

_____

_____

_____

Respóndelas una a una. Y mientras lo haces analiza tus respuestas, explora los sentimientos que brotan de ti. Y después dime cómo esta misma situación puede ser vista y analizada desde la responsabilidad.

Yo durante mucho tiempo me sentí culpable como madre. Me sentía culpable de que mi hijo no tuviera un buen padre (un buen padre tal como yo percibía que debía ser un buen padre), me sentía culpable por no poder brindarle a mi hijo ese tipo de familia que yo inicialmente había planeado, e infinidad de cosas más. Hasta que con el paso del tiempo me liberé de las culpas y asumí mis responsabilidades.

¿Y sabes qué? El cambio de perspectiva me brindó algo mágico. Pues mientras estaba atascada en la culpa, yo me reclamaba:

—No le di a mi hijo un buen padre.

Sin embargo, desde la responsabilidad lo que yo me decía era diametralmente opuesto, benigno y útil:

—A pesar de la ausencia de su padre, yo le entrego a mi hijo todo mi amor.

Y desde la responsabilidad también fui capaz de comprender por qué el padre de mi hijo actuaba de una manera tal vez errada, y eso me permitió mejorar mi vínculo con él. Pues cuando comienzas a comprender, el cielo se abre. Y la culpa se desmorona hasta desaparecer.

Si te sientes culpable creerás que es culpa tuya que tu hijo no tenga al padre soñado. Pero si te sientes responsable sabrás que debes continuar tu camino asumiendo frente a tu hijo tus responsabilidades de madre.

Escríbelo y analízalo, y sabrás que puedes superar la situación que te aqueja a partir de la comprensión y el amor. Se trata de transformar realidades a partir de una nueva visión, verás como comienzas a vivir mucho más tranquila, en paz y en armonía. No me creas, ¡pruébalo!

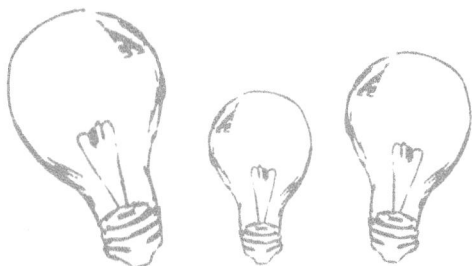

RECURSOS TERAPÉUTICOS

Llevar a cabo los siguientes pasos te ayudará a dar un gran salto para hacer consciencia y dejar de resistirte al cambio:

1. Registrar y reconocer situaciones, recuerdos o personas que te generen pensamientos o sensaciones de incomodad.

2. Aceptar que el equivocarse es una posibilidad, y está bien que así sea. Sin embargo, es importante entender que esa equivocación tiene un propósito, por tanto, lo reconozco para evitar que se repita el episodio.

3. Poner en orden tus pensamientos. He mencionado anteriormente la importancia de documentar aquello que ves, sientes y percibes. Hacerlo es una excelente forma de reflejar y entender lo que está bien o mal para ti y como podrías llegar a reparar la situación que no se dio como lo esperabas.

4. Responsabilizarte de esa situación. Recuerda que tú has elegido tus acciones, y que estas traen aparejadas consecuencias positivas o negativas. Por lo tanto, es momento de asumir esa responsabilidad y comenzar a trabajar para mejorar lo que has creado.

5. Tomar acción. Sí, todo puede verse muy bien, sin embargo, el hecho de accionar lo que has organizado ahora te lleva a obtener los resultados esperados, y si decides no hacerlo, nadie lo podrá hacer por ti.

Seguramente no imaginaste hacerte estas preguntas que vas a leer a continuación. Y el hecho de cuestionarte una y otra vez trae consigo tus propias respuestas, a tu manera y bajo lo que tú eres. Cuando termines de leer este libro y recopiles lo que has escrito, verás como mágicamente obtendrás las respuestas que venias buscando. Recuerda que un terapeuta es guía y soporte, pero no es el consejero que te dirá lo que quieres escuchar, y jamás tendrás respuestas más valiosas que las que llevas dentro de ti, cuando has aprendido a escucharte.

¿Qué responsabilidad sientes que no cumpliste con tu pareja?
_____
_____
_____
_____

¿Cuál fue la consecuencia que esta situación te trajo?
_____
_____
_____
_____

Y, si hubieras cumplido esa responsabilidad, ¿qué hubiera sucedido? (Confianza/aprobación/respeto/valor/ bienestar/claridad/energía).

_____

_____

_____

_____

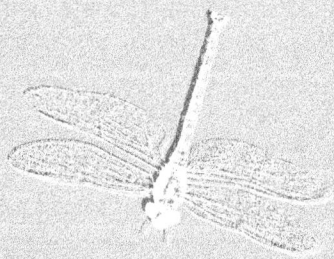

CAPÍTULO 4

El valor de transformar mi familia

Nada derrumba los muros más rápido que la aceptación

Deepak Chopra

*Si existiera algo que quisiéramos cambiar en los chicos,
en primer lugar, deberíamos examinarlo y observar si no es algo
que podría ser mejor cambiar en nosotros mismos*

Carl Gustav Jung

LAS MUJERES DICEN

"Esto es el fin. Se me acabó la familia".

"¿Y yo qué voy a hacer ahora sola y sin mis hijos?".

"¿Con qué ganas le hablo a mis hijos bien de su padre, si él es un desgraciado?".

"No quiero descuidar a mis hijos, pero el tiempo no me alcanza".

"Me toca hacer de todo, ser mamá y papá, ser la mujer trabajadora, ponerme en modo de hija cuando visito a mi madre, ser la ama de casa, la mamá que lleva a sus hijos a todas partes, la mujer que no tiene derecho a cansarse y que siempre debe lucir bien".

"Nunca pensé que llegaríamos a este punto. Lo peor de todo es que su familia y la mía son completamente diferentes, y no puedo controlar las cosas cuando mis hijos van a casa de sus padres".

"Me tocará aguantarme estar sola, porque no podría soportar otro dolor así".

"Deberé inventarle algún cuento a mi hijo, porque no sé qué decirle de dónde está su papá. No tengo corazón para decirle que ya no estaremos juntos".

UNA VISIÓN PSICOLÓGICA

ES TIEMPO DE SALTAR AL PRÓXIMO NIVEL

Conforme pasa el tiempo y las etapas antes mencionadas van quedando atrás, va llegando el momento de comenzar a sincronizar a tu nueva familia. Y tú deberás alcanzar la mejor proyección de ti misma para poder entregarle esa familia a tus hijos. Por lo tanto, ya comprendes que debes desearle el bienestar de tu ex, pues ese será el bienestar que él le brindará a tu hijo. Bienestar es sinónimo de armonía, y un padre o madre sin armonía equivale a un hijo sin armonía.

Evita todo deseo negativo hacia tu ex pareja.

El matrimonio se acaba, pero la familia se transforma.

Y, como hablaremos en el siguiente capítulo, no hay un solo tipo de familia. Hay muchos, y debemos aprender a respetarlos y entenderlos.

Todo esto tendrá como una consecuencia fundamental: que tus hijos sepan que el divorcio, pese a ser un trance difícil de superar, no tiene por qué ser una tragedia.

Sé bien que no es sencillo llevar adelante esto que te propongo, pero es posible, y aquí sigo acompañándote a través de estas líneas que podrás leer una y otra vez, que podrás tomarte el tiempo que esté bien para ti, y culminar los ejercicios de reconocimiento que te sugiero, las reflexiones, y los cuestionamientos que por básicos que parezcan, te aseguro no te habrías detenido a hacerlos anteriormente, por eso es que te llevarás grandes satisfacciones de lo que ahora ves en ti.

Explicarles el divorcio a mis hijos. ¡Auxilio!

Uno de los temas que más cuestionamientos y preocupaciones trae de todo divorcio: cómo explicarles a los hijos todo lo concerniente al divorcio de sus padres. Pues de más está decir que si la pareja tiene hijos, la situación se vuelve mucho más delicada y compleja.

Hay un punto que, en primer lugar, deseo remarcar y subrayar de amarillo fosforescente:

La familia no se acaba tras un divorcio.

Te ruego releas el renglón anterior. Es de fundamental importancia que lo tengas en claro.

—Pero, Sandra. ¿Qué dices? Si ya me he divorciado, ¿de qué familia me hablas?

—¿De qué familia hablo? De la tuya, por supuesto. De la que sigues teniendo. Porque ninguna familia se acaba tras un divorcio. Las familias se transforman después de un divorcio. Te lo seguiré explicando:

Una vez que te divorcias de tu ex pareja, seguirás construyendo una familia, tu familia. Una familia con características diferentes a la que tenías hasta aquí, por supuesto, pero una familia con responsabilidades y derechos. ¿O acaso crees que cuando tu hijo vaya a pasar un fin de semana con su papá tu familia no se seguirá desarrollando? ¿O acaso crees que cuando tú y tu hijo comparten el día a día tu familia no sigue creciendo? La respuesta es sí. Tú sigues integrando una familia, y sus integrantes merecen el mismo grado de respeto que merecían hasta antes de la separación.

En caso que tengas niños, tras la separación surgirá una pregunta inevitable:

—¿Y ahora cómo se lo digo a mi hijo?

Mi consejo es que no le mientas, que le seas lo más sincera posible. Esa es la principal palabra a la hora de manejar este tema: sinceridad. Por supuesto que no podrás utilizar el mismo lenguaje con un niño de cuatro años que con un adolescente. Pero, siempre adaptándote a la edad de tus hijos, no postergues lo que tengas para decirles, no los engañes ni busques culpables. En este momento no importa quién tiene razón, no importa quién se equivocó. Tanto tú como tu ex fueron una pareja, ahora ambos deben atravesar esta situación juntos.

—Te entiendo, Sandra. Pero... ¿cómo se lo digo? ¿Por dónde comienzo?

—El panorama ideal sería que tanto el papá como la mamá se sienten a hablar con sus hijos. Sé que muchas veces, y por diversas razones, esto no es posible, pero yo sugiero hacer el esfuerzo. Contar con la presencia conjunta de ambos padres les permitirá a tus hijos sobrellevar mejor la situación. Cuéntenle de modo calmo que las cosas entre los dos no funcionaron, y que ustedes, como adultos que son, han llegado a la conclusión que la mejor decisión es comenzar a vivir en casas separadas. Y aclárales lo que antes te señalé, que esto no significa el fin de la familia, sino tan solo una transformación para poder seguir creciendo. Explíquenles a los niños que a partir de ahora tendrán dos casas, y que su vida transcurrirá en ambas. Y permíteme ser insistente en un punto: por más molesta que estés con tu ex, en este momento debes mantener la calma y separar las aguas. Este no es tiempo de recriminaciones, esta es la hora de ser madura y clara ante lo más preciado que tienes en la vida: tus hijos. Déjale saber a tus hijos que mamá y papá tienen metas diferentes, y que para poder llegar a ellas deben tomar caminos diferentes. Déjale saber que nosotros, los adultos, a veces tenemos problemas, pero que contamos con los recursos para poder solucionarlos. Este es un momento de gran importancia no solo para el presente sino también para el futuro de tus hijos.

—¿Por qué también para el futuro, Sandra?

—Porque tus niños, aunque posiblemente aún no puedas verlo, crecerán y se volverán adultos. Y como adultos es inevitable que deban sobrellevar desafíos. Y si ustedes como padres les proyectan a sus hijos una imagen de sensatez y armonía, ellos el día de mañana lograrán salir adelante cuando la vida los ponga a prueba. Pues sabrán que un golpe no es el fin de mundo, un golpe es el paso previo a levantarse seguir andando.

Tus hijos merecen ese respeto, ese esfuerzo de tu parte. Y te aseguro que si tu mayor herramienta es la sinceridad, una vez que termines esta conversación con tus hijos te sabrás en paz contigo misma, y te sentirás más libre a la hora de comenzar un ciclo nuevo.

Tras haber acompañado a muchas parejas a atravesar situaciones de este tenor te puedo asegurar que es fundamental que les aportes a tus hijos contención y armonía. Un niño ni debe ni merece atravesar una etapa de cambios en un clima de ira. Este es un período en el que debes mostrarle a tus hijos que, pese a los contratiempos con tu ex pareja, el respeto y la tolerancia no se pierden. Al contrario, se potencian, ya que ese es el único modo de seguir creciendo.

Hay una razón extra y nada menor por la cual debes ser así de considerada en el manejo de esta cuestión: Buena parte de los niños se sienten culpables por el divorcio de sus padres. Y esa culpa crece como una bola de nieve, y los puede acompañar hasta la adultez. Por lo tanto, una de las primeras cosas que ganarás si logras tener una conversación armoniosa y sincera con ellos será desactivar ese sentimiento de culpa. Los niños deben saber bien pronto que la separación nada tiene que ver con ellos, que todo es responsabilidad de los adultos.

Entre un buen número de mis pacientes encontré un comportamiento llamativo: tras la separación pueden pasarse largos meses diciéndoles a sus hijos que papá o mamá están de viaje o trabajando, y que es por eso no han vuelto a casa.

Déjame darte un consejo: jamás imites este comportamiento.

Jamás.

Hacerlo equivale a faltarle el respeto a tus hijos, significa crearle expectativas que no tendrás modo de cumplir.

Si tú ya has tomado la decisión de divorciarte, déjaselo saber abiertamente a tus hijos, diles que las cosas se terminaron. Y por favor, te ruego le prestes atención a lo que diré a continuación: La manera cómo tú asumes el divorcio es la manera como tus hijos lo aceptarán.

Si tú estás todo el tiempo llorando, lamentándote y enredándote en la maldad que tu ex tuvo contigo, ¿qué crees tú que van a percibir tus hijos? Te daré la respuesta: Qué las situaciones en la vida se resuelven con rabia y dolor.

—Y esa no es la solución, Sandra.

—Por supuesto que no lo es. Y ahora, si tú me lo permites, déjame abrir mi corazón y hacerte una confesión.

—Te escucho.

—Yo atravesé la misma situación que ahora te aqueja.

—¿Tú también te separaste, Sandra?

—Sí. Y tras la separación no me cansaba de repetir una y otra vez, y a viva voz, cuán irresponsable era el padre de mi hijo. No hacía otra cosa más que pensar en cómo atacar a mi ex, en dónde encontrar al mejor abogado... y no dedicaba el menor porcentaje de mi energía en buscar soluciones. ¿Sabes qué obtuve? Miedos, angustias, agotamiento... Y esto me sucedía porque a todo el caos de responsabilidades que me rodeaban debía agregarle este sinfín de pensamientos negativos. Pero en algún momento comprendí que aquel no era el plano que yo deseaba habitar. Un día tan solo dije: Basta, no más. Y a partir de allí me esforcé por dejar esa etapa atrás y comenzar otra. En ese tiempo yo me encerraba a llorar en el baño, me secaba las lágrimas y salía sonriendo. Pero a nadie engañaba, porque mi hijo igualmente notaba mi dolor. Así que un día decidí escapar de ese círculo de pena y victimización. Por respeto a mi hijo, por respeto a mí, e incluso por respeto a mi ex pareja. Porque, ¿sabes una cosa? No se puede ser eterna víctima. Es peligroso ese lugar. Si te instalas en ese rol lograrás que tus hijos al crecer no sean otra cosa más que eternas víctimas.

Entonces la conclusión es que nunca debes mentirles a tus hijos. Háblales siempre con la verdad. Si estás triste, diles a tus hijos que estás triste. Por supuesto que, si estás hundida en la depresión y no puedes dejar de llorar, debes buscar ayuda profesional. Pero si estás atravesando un momento de dolor bien puedes compartir ese dolor con tus hijos, abrirte y mostrar tus emociones. No me siento del todo bien, diles con serenidad, pero estoy buscando una solución, pues quiero salir adelante. Siempre teniendo en cuenta lo que antes te señalé, que no olvides la edad de tus niños. Porque si tu ex se fue con otra de nada sirve decir:

—Es que tu padre nos abandonó. Se fue con otra.

No, ese no es el modo.

—Pero es eso lo que sucedió, Sandra. ¿Acaso no me dijiste que debo ir con la verdad?

—Por supuesto que sí. Está muy bien hablar con la verdad, sin embargo, hay formas asertivas de poder decir las cosas y mejor aún, como lo analizamos en el capítulo de Sentimientos y emociones o en el de tomar responsabilidad, recuerda que al hablar debes hacerlo desde la conciencia y el amor, más no desde el resentimiento y el dolor, ya que es ahí cuando salen las palabras precisas en el momento exacto.

—¿Y cómo hago que mis hijos entiendan lo que trae aparejado un divorcio?

—Tú respóndeles todas las preguntas que ellos te hagan, ya que si les volteas la espalda los llenarás de dudas e incertidumbre. Si son pequeños evita entrar en detalles profundos, en especificaciones que ellos tal vez no estén en condiciones de asimilar. Pero no dejes preguntas sin responder.

—Y dime, Sandra: ¿qué hago si me preguntan quién tomó la decisión de separarse?

—Déjales saber que, de un modo u otro, esa fue una decisión que tomaron ambos, que eso lo determinaron papá y mamá para el bienestar de él. No te pido que necesariamente hables bien de tu ex que te lastimó, pero si no vas a hablar bien tampoco hables mal, tan solo responde sin entrar en detalles, ofrece soluciones sin buscar culpables. Sé clara sin atacar a nadie, porque en este proceso de transformar la familia jamás debe haber espacio para la agresión ni física ni verbal.

Hablemos sobre los tipos de familia

Hemos crecido con la creencia de que la familia es papá, mamá, el hijo (o los hijos), y los parientes cercanos. Tengo noticias para darte: esto no necesariamente es así. Las familias se transforman al compás de los tiempos que vivimos, así que me gustaría poder enumerarte los tipos de familia que de veras existen. (Lo que especificaré a continuación está basado en diversas investigaciones y lecturas específicas en torno al tema):

1. La familia biparental

Es la que está integrada por papá y mamá, y los hijos. O sea, el tipo de familia más usual.

2. La familia monoparental

Está integrada por un adulto (mamá o papá) y los hijos. Lo más frecuente es que ese miembro sea la madre, pero también hay padres, sea porque las madres abandonaron a sus hijos, porque decidieron entregar la custodia, o por otras razones.

3. La familia adoptiva

Esta familia puede ser una familia biparental o monoparental. Aquí, tal cual lo define su nombre, el niño llega a la casa por adopción.

4. La familia sin hijos

Este tipo de familia hoy se encuentra muy en boga. Hablamos de parejas que optan por dedicar su atención y su libido a sí mismos, a sus mascotas, a viajar, a desarrollarse laboralmente, a estudiar...

5. Las familias compuestas

Hablamos de las familias en las que conviven hijos de diferentes matrimonios. "Los tuyos, los míos y los nuestros".

6. La familia extensa

Cuando bajo un mismo techo no viven solo los padres y sus hijos sino también abuelos, tíos, sobrinos...

7. La familia homoparental

No es tan usual, recién en estos últimos años la estamos viendo con mayor frecuencia. Hablamos de una familia integrada por dos papás o por dos mamás con uno o más hijos.

Una vez enumerados los diferentes tipos de familia, es bueno aclarar que la anterior enumeración no está escrita en piedra, de seguro con el correr del tiempo se sumarán más.

Por último, quisiera aclarar un tema que pareciera obvio, pero no lo es: debemos ser conscientes de que una familia monoparental es una familia, o que una familia sin hijos también lo es. Nada más desacertado que considerar que una pareja sin hijos no es una familia. Una mujer que vive con su esposo y sus gatos por supuesto que vive en familia.

Hay conceptos sociales, etiquetas, convenciones sin sentido, que nos han hecho creer que si no hay niños no hay familia. Y esto es un error. Debemos aceptar y comprender que las familias no son monocromáticas sino caleidoscópicas, y que la variedad de colores también puede ser parte de su riqueza.

También uno puede pasar de tener un tipo de familia a tener otra. Tal vez la más clásica sea la de pasar de ser una pareja sin hijos a tener hijos, pero por supuesto que también puede haber otros casos. Y si el pasaje de un tipo de familia a otra mejora tanto tu bienestar como el bienestar de quienes te rodean, ¡adelante! No son las etiquetas o los rótulos sino el amor, el respeto y el deseo de crecer juntos los que hará a tu familia valiosa.

Así que... ¡Sí! ¡Por supuesto que la tuya también es una familia! Y bienvenida sea, con sus colores y características.

¿Qué tengo? ¿Qué quiero tener?

Si seguimos hablando de diversos tipos de familias, con sus colores y características, es importante que te preguntes qué tipo de familia tienes, y también qué tipo de familia quieres tener.

Yo en Colombia estuve al frente de un preescolar en el que muchos niños tenían padres separados, y eso generaba cierta confusión entre los niños e incluso a veces entre los padres. Así que comenzamos a incluir un programa dentro del plan educativo que presentábamos a la entidad encargada de supervisarnos cuyo principal objetivo estaba enfocado a la comprensión, educación y aceptación de los tipos de familia. Porque nuestro mundo es complejo y, por desgracia, el que una realidad exista no necesariamente significa que esa realidad sea aceptada.

En esos años noté que para algunos niños era difícil de comprender que uno de sus compañeros tuviera dos mamás, o que otro tuviera hermanos de diferentes madres. Y esa falta de comprensión a veces creaba conflictos entre ellos, así que supe que debía trabajar en esa área.

—¿Y qué hiciste, Sandra?

—Me dediqué de lleno a promover el hecho de que todos sean capaces de aceptar los distintos tipos de familia. Y así como ya estaba instaurado, por ejemplo, el Día de las Culturas, yo creé el Día de los Diversos Tipos de Familia.

—¿Y eso funcionó bien?

—¡De maravillas! Funcionó tan bien que terminó siendo una auténtica fiesta. Cada niño hacía una exposición en la que contaba cómo estaba compuesta su familia, y así tanto sus compañeritos como los padres de sus compañeritos, abrían los ojos a nuevas realidades. Llevar a cabo y promover actividades de ese tipo también es un modo de educar, de promover la cultura.

¿Cuál es mi rol en mi familia?

El de los roles que cada uno ocupa en una familia también es un tema a analizar. Y así como cambian los tipos de familia, también cambian y se transforman los roles que cada uno ocupa en ella.

Dime una cosa: ¿sabes qué rol cumples en tu familia? La pregunta que te hago puede parecer sencilla, pero tal vez no lo sea tanto. Escúchame con atención y piensa la respuesta.

Y atención, que tengo más preguntas para hacerte: en tu familia, ¿la madre cumple el rol de mamá? ¿Y el papá cumple con el rol de padre? Y dime algo más: ¿cuál se supone que es el rol que le corresponde al padre y a la madre?

¿Lo has visto? No son preguntas de tan sencilla respuesta.

Y atención a no caer, en el caso de las madres divorciadas, en el síndrome de la supermamá, pues a largo plazo ese síndrome tiene consecuencias nocivas. La supermamá que todo lo puede y todo lo hace puede derivar en una madre que sobreprotege a sus hijos. Y esa es una conducta no solo perjudicial para los hijos sino también para la madre, cuya vida no avanza. Porque, así como hay madres que se alejan de sus hijos, o contratan una nana, o le dejan al niño a la familia y se van de fiesta, también hay muchas que toman este rol de supermamá. Y no está necesariamente mal este rol mientras se trate de una cuestión temporal, el problema es cuando este accionar se vuelve permanente, cuando mamá se convierte para siempre en "mamá y papá". Ya son muchas las responsabilidades que tiene una madre para encima agregarle otras. La madre no debe ser padre, es de vital importancia que los hijos pasen tiempo con su papá. Y si, por ejemplo, tienes un hijo varón y el padre está ausente, sería bueno que encuentres a algún hombre de suma confianza que pueda aportar la imagen masculina.

Te contaré una experiencia personal: años atrás, durante un juego de roles, a mi hijo en el kínder le dieron una cuchilla de afeitar plástica. Te sorprenderías si te cuento qué hizo mi hijo con esa cuchilla, se la pasó por los ojos como si fuese rímel. Y después la usaba para peinarse como si tuviese el pelo largo. Del preescolar me llamaron y me señalaron que mi niño precisaba un ejemplo de hombre, que obviamente estaba ausente tras nuestro divorcio, así que le pedí ayuda a mi padre. Aunque parezca mentira mi hijo jamás había visto a un hombre afeitarse. Y yo, que por ese tiempo vivía (o padecía) el síndrome de híper-mamá, no lograba notar eso que a mi hijo le faltaba.

Volvamos a los roles familiares. Es de vital importancia que seas capaz de saber qué familia tienes, y qué rol y qué hábitos ocupa en ella cada uno de sus integrantes, y qué rol ocupas tú.

Cuéntame, ¿eres mamá? ¿O estás ocupando espacios que no debieran corresponderte y poco a poco te estás volviendo una supermamá?

Sé que a veces no es sencillo realizar estos análisis, sobre todo porque deben ser llevados a cabo en tiempos de crisis, en medio o a poco de una separación, cuando estás vulnerable y con las defensas anímicas bajas.

Pero si ya ha transcurrido un tiempo prudente desde la separación, y notas que eres incapaz de implementar ciertos cambios, o que no logras abandonar tu rol de supermamá, debes recurrir a ayuda profesional. No temas que no hablo de una ayuda que deba prolongarse por años. Tal vez sea algo breve, una orientación que te brinde el empujoncito que te hace falta para ponerte de pie y reemprender la marcha hacia la dirección adecuada. De hecho, el rol de una supermamá solo te deja agotamiento en todos los aspectos de tu vida y un descuido hacia ti misma que no mereces. Lo que nosotras pretendemos como madres es que nuestros hijos aprendan y entiendan, que sean personas seguras, capaces de resolver problemas y de proyectar lo mejor de sí mismos. No los fundas con tus súper poderes de madre, eso para ellos no será más que una sobrecarga.

¡Listos para la aventura!

—Me he divorciado, Sandra. Y tú me dices que un divorcio no es el fin sino la transformación de una familia. ¿Ahora cómo continúo el proceso de transformar mi familia?

—Me han hecho muchas veces esta pregunta. Y es de veras buena. Será un placer responderla. Yo en este caso, y sobre todo si hay hijos de por medio, sugiero encarar a este proceso como a una gran aventura.

—¿Aventura?

—Has escuchado bien. Una aventura. Lo que viene no debe ser un infierno, sino una aventura, una expedición. Y en toda aventura es inevitable que haya días difíciles, de lluvia, de sed, de montañas y piedras. Y como contracara es justo decir que en toda aventura también existe la posibilidad de superar desafíos y descubrir tesoros. Te daré un ejemplo puntual: si los niños se van de visita con su padre tú bien puedes crear un clima de que lo que viene es otro paso en la expedición en la que toda la familia está embarcada. Y cuando los niños regresen invítalos a que te cuenten cómo fue esa etapa de la aventura lo que también es un gran modo de evitar abrumarlos con preguntas que no son apropiadas. Puedes generar un dialogo como, por ejemplo: "Cuéntame: ¿qué fue lo que más te gustó de este día? ¿Qué es lo mejor que paso el día de hoy? Si volvieras a tener un día como hoy, ¿que no repetirías?".

También puedes decirles: "¿Y si este día tuviese "Monstruos" o "personas no tan felices" o "Alguien que sea el malo" (recuerda usar términos relacionados a la edad) quién sería esa persona?".

- Hoy comí _____ y me gustó mucho, quiero volver allí.
- Hoy comí _____ y NO me gusto, así que NO quiero volver allí.

Y después serás tú quien les relate a ellos qué hiciste en ese tiempo. También puedes intercalar tu relato para animar a hablar a tu hijo, te dará mejores resultados cuando todo fluye como un diálogo liviano y sin el ánimo de que tú eres una madre en busca de "sacar información".

La vida, entre muchas otras cosas y a pesar de sus múltiples inconvenientes, también puede ser un juego. Entonces... ¡juega! ¡Y anima a tus hijos a que jueguen contigo! Y libérate de dudas y temores, porque a una aventura se va liviano de equipaje y dispuesta a toparse con peligros.

Volviendo a lo importante

Antes de cerrar este capítulo, quisiera volver a ahondar sobre un punto: habla siempre con la verdad. Si te levantas tensa, deprimida y cansada, tu hijo lo percibirá, aunque no se lo digas, pues los niños son sensibles y lo perciben todo, así que no intentes tapar el sol con un dedo. No te ocultes tras una máscara, acepta que tienes problemas, dile a tu hijo que estás triste, y cuéntale el motivo por el que estás triste. A fin de cuentas, es sano sentirse apenado en determinados momentos de la vida. Bien puedes decirle a tu pequeño:

—Estoy triste porque me hace falta tu papá. Sin embargo, me siento muy feliz porque tras la partida de tu padre se acabaron las discusiones que teníamos en casa. Y ahora tú y yo estamos viviendo tranquilos, porque papá está haciendo una nueva vida, y nosotros también.

Así el niño, que, de seguro también extraña al padre, sabrá que los sentimientos que flotan en el aire de la casa son naturales, y que pese a todo las cosas están mejor así.

No le des la espalda a la verdad. Te aseguro que la verdad es la llave que abrirá un buen número de puertas. Y te aseguro que esas puertas te llevarán a un sitio mejor. Ese que tú te mereces.

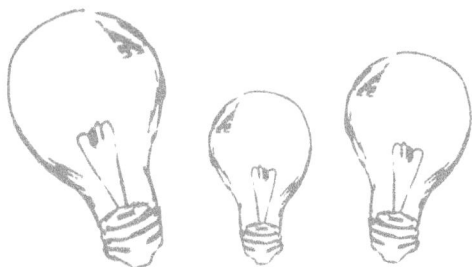

RECURSOS TERAPÉUTICOS

Es importante entender que en varias ocasiones cuando nuestros hijos son pequeños y estamos atravesando una crisis de divorcio, ellos ni siquiera entienden qué está pasando. Únicamente perciben tu sentimiento de dolor o el malestar que reina entre sus padres. Por eso la importancia de saber:

1. Qué le demuestras a tu hijo.
2. Qué hablas con tu hijo.
3. Cómo le hablas a tu pareja.
4. Qué respuestas emocionales les estás dando ante la situación de crisis de tu nueva vida.

Si quieres tener más recursos en relación a este tema, te invito a que tomes tu celular y abras tu cámara o la opción "escanear código". A continuación, encuentras este código QR, pones tu celular encima de este código y te abrirá una página con más recursos, videos e información muy valiosa.

DESCÚBRELA AQUÍ

En caso de tener dificultad para abrirlo puedes ir a tu computadora y poner el siguiente enlace:

www.synchronycenter.com/que-dicen-las-mujeres-del-divorcio/

CAPÍTULO 5

Divorcio y dinero, un negocio de emociones

Nunca nos falta el dinero, nos faltan personas con sueños que estén dispuestas a morir por ellos

Jack Ma

La solución a los problemas de dinero no está en el dinero sino en una mentalidad diferente

Raimon Samsó

LAS MUJERES DICEN

"No me importa lo que tenga que hacer, pero yo no me dejo quitar la casa".

"Creyó que le iba a dejar todo a "la otra" y a mí me iba a dejar en la calle...".

"Mi ex pareja ha sido muy generoso, siempre pendiente de nosotros, nunca nos ha faltado nada. Eso me genera tranquilidad, es como separar las cosas y dejar todo claro".

"Desde que me divorcié me tocó trabajar y pagar todas las cuentas, y no me alcanza para nada. Es agotador, y me siento muy mal".

"El papá de mi hijo solo aparece muy de vez en cuando con algunos regalitos. Eso me da alegría, porque veo a mi hijo contento a pesar de que el resto del año ni siquiera lo llama por teléfono".

"Debí multiplicar mis horas de trabajo para poder pagar todas las cuentas, incluido el colegio del niño, pues el papá no ayuda económicamente. La verdad es que estoy agotada con esta situación. Estoy tan cansada que no me queda ni un rato para compartir con mis hijos, mientras el otro disfruta con sus amigas".

"Ya demandé a mí ex. Así me quede sin comer le pagaré al mejor abogado con tal de interferirle su vida. No merece estar tranquilo después de lo que me hizo".

UNA VISIÓN PSICOLÓGICA

DIVORCIO Y DINERO, UNA CONVIVENCIA COMPLICADA

El dinero es uno de los ítems de más compleja negociación entre ex conyugues. Lamento decir que son pocas las parejas que logran alcanzar un acuerdo justo, equitativo, y civilizado, en el que el bienestar de los hijos se imponga a lo estrictamente económico.

¿Cómo es posible que el dinero tome tanto peso tras el divorcio?

Aunque tal vez, antes de respondernos esta pregunta, debamos recordar algo: todo lo concerniente al dinero es tan importante que muchas veces es la misma causa del divorcio.

Si debiera hacer una estadística basándome en mis pacientes, debo decir que son las mujeres las que, en general, luchan por negociar un monto equitativo, y que a los hombres se les hace difícil aceptar pagar mensualmente una cuota justa. Aunque por supuesto que también hay hombres responsables, conscientes y apegados a su responsabilidad, así como también hay mujeres que exageran lo que sus hijos requieren y piden de más. No es necesario aclarar que ambos extremos son errados, y que la idea que debe primar es alcanzar un acuerdo que asegure una cifra justa, siempre priorizando las necesidades de los hijos.

Pero, ¿qué hay detrás de la constante pelea en relación al dinero? Muchas veces lo que se esconde es el deseo de uno de los integrantes de la pareja por querer ganar una pelea personal. Y es ahí cuando la negociación se vuelve lucha, y las emociones destructivas estropean el acuerdo a alcanzar. Y esta lucha, a corto o a largo plazo, destruye a ambos integrantes de la pareja, ya que al fin y al cabo en estas cuestiones nadie gana.

Ya sabes que me agrada compartir mi experiencia personal, y esta vez no será la excepción, pues creo que, para tener un panorama de veras completo de estas situaciones, no alcanza tan solo con mi aprendizaje como psicóloga. Hay cosas que deben vivirse en carne propia para poder comprenderlas en su totalidad.

Tras mi separación, yo misma caí en el error de no saber manejar lo inherente al dinero, y lo que debió ser una negociación honesta y sensata con mi ex pareja se volvió un laberinto de emociones. Y hubo algo aún peor: la negociación terminó por involucrar a nuestro hijo. Por desgracia no logré mantener el equilibrio y se me mezclaron la preocupación por el bienestar de mi hijo, la angustia por conseguir un trabajo que me brindara los ingresos para satisfacer las necesidades de mi hijo, y el dolor de ver a mi ex viviendo una vida no acorde a sus responsabilidades.

Para peor, una vez que llegamos ante el juez, mi ex disfrazó sus bienes pensando en que yo podría llegar a aprovecharme de lo poco o mucho que él tuviera. ¿Y cuál fue el resultado? Que dejé de lado mi sentido común y me dejé llevar por ese juego inútil de poner a la ira y la decepción por sobre la cordura.

Por eso entiendo muy bien cuando mis pacientes me cuentan que no saben cómo manejar esa situación, o cuando me dicen que están pensando en poner bienes propios a nombre de otros, o que la ex pareja no paga lo que le corresponde. No los justifico, y soy consciente de que están tomando un camino muy errado, pero los entiendo.

Ante estas situaciones tan complejas, yo te invito a recordar un punto fundamental: El dinero que pagaremos no es para nuestra ex pareja sino para nuestro hijo. Para solventar su alimentación, su educación y su bienestar.

Por lo tanto, debes enfocarte no en las diferencias con tu ex pareja sino en la responsabilidad que tienen como padre y madre ante la crianza de sus hijos, y esas responsabilidades no son solo afectivas sino también económicas.

¿Me dejas hacerte una pregunta sensible?

Ahora te haré una pregunta delicada, una pregunta que sé que puede provocar resultados llamativos:

—¿Cuál es tu relación con el dinero?

Piensa muy bien lo que me dirás, porque en la respuesta a esta pregunta encontraremos algunas claves que nos permitirán entender cómo se desarrollarán tus negociaciones en torno al divorcio y el dinero.

Si tú crees que para conseguir dinero debes luchar por demás, que tu trabajo es duro en exceso, y que todo lo inherente a obtener ingresos es agotador... tengo algo para decirte: es hora que trabajes tu relación con el dinero.

Yo puedo ayudarte a que tú sepas en qué momento de tu vida tu relación con el dinero choco, y la idea es transformar ese proceso, hacer que las creencias equivocadas se vuelvan adecuadas.

Y te aseguro que si logras desatar el nudo que tienes con el dinero, muchos aspectos de tu vida comenzarán a fluir como corresponde. Es increíble ver como muchas de las respuestas y reacciones que proyectamos a nuestro entorno tiene un fondo interesante en el que debemos trabajar, y esta relación con el dinero no es la excepción, son pequeños nudos que se atraviesan en el caminar de nuestra vida. Y a veces nos tropezamos, y en ese caso es mejor desenredar lo más que podemos para evitar una caída tras otra.

¿Víctima? No, víctima jamás

Si resuenas con este planteamiento que tengo para darte, espera grandes manifestaciones: Escapa del rol de víctima. No te quedes ahí, es contraproducente. Y también es engañoso.

—¿Por qué me dices que es engañoso, Sandra?

—Porque es un rol cómodo y sencillo de cumplir. Y una vez que cubres tu verdadero rostro con la máscara de la víctima, esa máscara se termina convirtiendo en tu verdadera cara.

Por lo tanto: es tiempo de tomar decisiones, de actuar, de ponerse en marcha.

Tengo algo para decirte, y permíteme ser directa y dura: si decides ser víctima, serás víctima toda tu vida. Te estancarás, te quedarás por siempre en la lamentación, el dinero no llegará y te costará alcanzar un acuerdo con tu ex.

—¿Y qué debo hacer, Sandra? ¿Por dónde comienzo?

—La palabra es una sola: Actuar. ¡Vamos! ¡Actúa ya! Si te pones en movimiento y eliges cambiar tu relación con el dinero, te aseguro que el factor económico dejará de ser un conflicto para pasar a ser un aliado. Libra tu mente de ideas equivocadas:

el dinero no es un enemigo, no es un horizonte inalcanzable. El dinero es una extensión tuya, una creación hecha para ti. Nosotros, por correspondencia, tenemos abundancia, tenemos riqueza.

—Pero ¿cómo hago para alcanzar todo aquello?

—Ábrete a recibir lo que te pertenece. No te encierres en peleas y en luchas inútiles que solo logran enceguecerte. Sin darte cuenta has cubierto tus ojos con una venda negra, y esa venda propicia una ira destructiva que solo logra que aumente el caos, que te aleja de la abundancia que te corresponde y que te mereces. Libérate de esa venda y reconcíliate con lo que te rodea, y verás como el resto llega por añadidura.

He llevado adelante un buen número de talleres que giran en torno a este tema, en los que ahondo en todo lo que tenga que ver con que logres que tus emociones negativas se vuelvan luminosas. Lo que yo deseo es ayudarte a que te liberes del papel de víctima, porque ese papel no te corresponde. Tú no viniste a esta vida para llorar sino para brillar, para ser protagonista, para recibir la abundancia que te mereces. ¡Ábrete a ella!

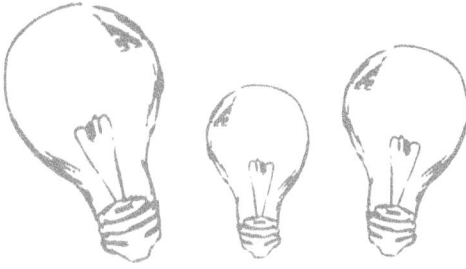

RECURSOS TERAPÉUTICOS

Te invito a hacer un ejercicio, y para esto te pido que lo realices como te lo describo a continuación. Así sentirás como tiene efecto para poder entender el objetivo de lo que planteo:

En este momento toma un billete del valor que desees. Ahora míralo, ábrelo, dale vuelta, huélelo, siente su textura.

Ahora te haré una sola pregunta fundamental, por lo tanto, preciso que la respondas con plena sinceridad:

¿Cuál es tu relación con el dinero? (describe lo que estás sintiendo)

_____

_____

_____

_____

Ahora señala uno o más de los siguientes planteos, con lo que sientes o piensas en este momento:

○ El dinero es una lucha
○ El dinero es sucio
○ El dinero es simplemente dinero
○ No soy merecedora de recibir dinero
○ Tener mucho dinero es de negocios turbios

Si el dinero es una extensión nuestra, y una forma de energía que expandimos e intercambiamos, entonces es hora de que te preguntes qué hay dentro de ti para estar viendo el dinero tal como lo acabas de hacer.

Llevar a cabo un trabajo terapéutico en relación a este tema está muy relacionado a las creencias y a la manera como percibes el entorno en el que has crecido y como lo estas llevando hoy. Si tu deseo es querer conocer más acerca del vínculo que tienes con el dinero, puedes tener una sesión de descubrimiento y entender qué pasa contigo, solo debes ingresar a nuestra página web: www. synchronycenter.com. Allí encontraras la opción de agendar una sesión, inscríbete SIN COSTO y tendremos la oportunidad de manera online de descubrir juntas el camino para seguir avanzando.

CAPÍTULO 6

La familia crece

*Tener un lugar a donde ir, se llama Hogar. Tener
personas a quien amar, se llama Familia,
y tener ambas se llama Bendición*

Papa Francisco

*El vínculo que te une a tu verdadera familia no es el de la sangre
sino el del respeto, y la alegría que tú sientes por las vidas
de ellos y ellos por la tuya*

Richard Bach

LAS MUJERES DICEN

"Después de este divorcio jamás volveré a enamorarme".

"Nadie se va a fijar en mí. Divorciada y con hijos soy una carga para cualquier hombre".

"Si mi marido se fue con otra pues que ni crea que me voy a quedar aquí sola. Me voy a buscar a alguien ya mismo".

"Primero serán siempre mis hijos. Así que hasta aquí llegaron mis ganas de tener una nueva pareja".

"Me llegó la hora de encontrar un hombre con plata, porque no quiero seguir con esta vida de lucha. Además, no estoy acostumbrada a trabajar".

"Eso de conseguir hombre después de un divorcio no es de mujer digna".

"La gente me juzga porque quiero darme otra oportunidad con alguien, y no quiero que me señalen".

"Tengo un amigo en la oficina que me ha ayudado a sobrellevar mi divorcio, y ahora quiero formalizar mi relación con él. Pero ha pasado muy poco tiempo de haberme separado".

"Mi nueva pareja quiere hijos... y en caso que eso suceda yo no sabría cómo decírselo a mi hijo. Tengo miedo que se lo tome a mal".

UNA VISIÓN PSICOLÓGICA

MIS HIJOS Y MI NUEVA PAREJA, ¿DOS MUNDOS EN CONFLICTO?

En este capítulo nos adentraremos en uno de los temas más delicados en todo lo que tenga que ver al período post divorcio: cómo comunicarle a tu hijo que tienes una nueva pareja.

Ante esta instancia las preguntas que te surgirán serán muchas:

- ¿Cómo se lo digo a mis hijos?
- ¿Cómo se llevará mi nuevo novio con ellos?
- ¿Cómo adapto a esta nueva pareja a mi vida cotidiana?

Hay que entender un punto importante: involucrar a esta nueva persona a tu vida (y a posteriori también a la vida de tus hijos) es parte de un proceso. Las cosas no deben suceder de un día para el otro, todo debiera ser parte de una armoniosa decantación.

Un divorcio es un duelo para todos los integrantes de la familia, y nadie se recupera de un duelo de la noche a la mañana. Por lo tanto, aceptar la nueva realidad será un paso a paso. Lo más factible es que de a poco vuelvas a salir de casa, tengas nuevas rutinas y hábitos, desees conocer a una nueva persona, y más tarde, y si el vínculo se desarrolla del mejor modo, querrás vincularte con ella.

Por supuesto que lo que acabo de decir no es una regla fija. Nadie recorre estas etapas del mismo modo. Están quienes dilatan los tiempos, están quienes ya habían conocido a su actual pareja antes de dejar a su ex, están quienes me dicen:

—¿Yo volver a tener otra pareja? No, Sandra. Nunca, jamás.

Y por supuesto que todas las posturas son respetables, pero de ser posible me gustaría darte mi opinión personal en lo que respecta a este tema.

Mi sugerencia gira en torno a una palabra: Equilibrio.

¿A qué apunto? A que no te lances al vacío ni te cierres en ti misma. Primero date un tiempo para vivir el duelo de la ruptura (hayas sido o no quien tomó la decisión). Trabaja ese dolor, procesa los sentimientos que te atraviesan, asimilaste este tránsito por ti misma o con ayuda profesional. Y una vez que lo asimilaste date un espacio para ti misma y hazte las siguientes preguntas:

- ¿Dónde estoy?
- ¿Hacia dónde estoy yendo?
- ¿Hacia dónde quiero ir?
- ¿Qué estoy aprendiendo en el camino?
- ¿Qué es importante hoy en mi vida? ¿Poner en orden a lo que estoy dejando atrás o abrirme a lo nuevo?

Como siempre te digo: no te apures, respóndete estas preguntas sin urgencias. En ellas te aseguro que te encontrarás nada menos que cara a cara con lo más profundo de ti misma.

Volviendo a lo que te plantee anteriormente sobre darte un tiempo para vivir el tiempo de la ruptura, te daré un ejemplo que te será de utilidad: Si tú estás por recibir amigos en tu casa el ideal es que te des un tiempo para organizarte, limpiar los ambientes, ordenarlos, y cocinar algo rico para recibir a los invitados como ellos se lo merecen. En este caso sucede exactamente lo mismo: antes de abrirte a lo que vendrá organiza tu interior y tus emociones. Y una vez que lo hagas entenderás mejor tanto tu nueva vida como tu nueva circunstancia.

Olvídate de toda urgencia, involucrar a una nueva persona lleva tiempo, todo este proceso debe ser paulatino. Y también organízate, ya que esa organización te otorgará claridad a tu pensamiento. Y a partir de esa reorganización incluso podrás ver a tu nueva pareja con ojos más sabios.

Te propongo hacer un ejercicio: Lleva adelante un inventario de lo que fue tu pasada relación de pareja, pregúntate qué funcionó, qué no funcionó, qué valoras de aquella relación, qué no quisieras jamás volver a repetir. Una vez que lo hayas escrito, reléelo con atención, analiza tus propias conclusiones, reflexiona en torno a ellas.

Este inventario te ayudará a ordenar sentimientos, te aportará claridad, te ayudará a reconciliarte con tu pasado y también a poder abrazar al futuro con mayor esperanza y firmeza.

Comenzando a unir ambos mundos

Muy bien. Estás en condiciones de comenzar una nueva relación. Aquí la palabra clave es: calma. Haz lo que debas hacer, pero hazlo con calma. Sobre todo, porque aún queda por delante un paso extremadamente importante: incorporar a tu nueva pareja a la vida de tus hijos.

Hasta aquí te venía sugiriendo que hagas las cosas con serenidad. Bien, en lo que respecta al tema que tocaremos a continuación debes ser todavía más serena. Tu nueva pareja no puede ser parte de la vida de tus hijos de un día al otro. Si hace tan solo algunas semanas que sales con alguien, aún no involucres a tus hijos. Puedo comprender tu entusiasmo, entiendo bien la adrenalina que se siente cuando vuelves a abrirte al amor tras una separación, pero espera, no te apures.

—¿Pero por qué, Sandra? Estoy muy a gusto con mi novio.

—Eso me hace feliz. Pero detente un segundo e imagina la siguiente situación: tú le presentas a tus hijos a tu nueva pareja, y a las pocas semanas o meses la relación no funciona. ¿Qué piensas qué sucederá?

Es muy claro qué es lo que sucederá: tus hijos sufrirán, y se cargarán de aún más dudas. Porque recuerda que tus niños están sensibles, ya que vienen de padecer la separación de sus padres. O sea, vienen de sufrir un golpe del que muy posiblemente aún no se hayan recuperado.

He conocido hombres y mujeres que le han presentado no una o dos, sino un largo listado de parejas a sus hijos. Te puedo asegurar que a esos niños se les crea un caos mental, y llega un punto que ya no saben quién es quién, y viven sumidos en la inestabilidad y la inseguridad. Y comienzan a tener miedo a sentir afecto por el otro, pues saben que esa persona tal vez pronto desaparezca de sus vidas, lo que les crea una gran inseguridad emocional y afectiva, y no sería extraño que a esa inseguridad la trasladen a sus futuras relaciones. En suma, lo que tú logras con este comportamiento apresurado es mostrarles a tus pequeños que el amor es apenas un juego banal que no involucra al respeto.

Así que mi recomendación es la siguiente: no tienes modo de saber si tu pareja es la correcta (y muchísimo menos si es la pareja perfecta, porque eso no existe), pero sí tras algún tiempo de estar junto a esa persona tienes la intuición o certeza de que la relación es estable, estarás en condiciones de dar el próximo paso: contarles a tus hijos que estás conociendo a alguien que te hace sentir bien. Pero atención, sé sutil, no olvides que para tus hijos este es un momento delicado. Hazles entender que esta persona de ningún modo viene para reemplazar a nadie, que ellos siempre serán parte fundamental de ti y de la familia. Cuéntales también lo importante que es para ti el compartir tiempo con tus amigas, con personas de tu misma edad. Que ellos son la prioridad de tu vida, pero que tú tienes diversos intereses, y que con los adultos puedes compartir intereses diferentes a los que compartes con ellos. A fin de cuentas, tus niños también comparten tiempo, juegos y actividades con sus compañeritos y amigos. Esta información que les brindes a tus hijos es trascendente, así se van haciendo una idea de que tú tienes un amigo especial.

Ahora sí… ¡Tiempo de conocernos!

Y después viene el paso siguiente: conocerse.

Es importante que el encuentro suceda en un ambiente relajado, tal vez yendo a un parque, o comiendo un helado. Las primeras salidas es conveniente que sean breves. Evita darte besos con tu nueva pareja ante tus hijos, evita toda excesiva demostración de afecto como, por ejemplo, decirse que se aman.

—No lo hago para incomodar a mis hijos, Sandra. Lo hago para que ellos sepan cuánto lo amo.

—Me parece muy bien que tus hijos sepan que él es alguien que te acompaña, pero aún no es tiempo de grandes demostraciones de amor. Hay modos más asertivos para que tus hijos asimilen, acepten y comprendan. El mundo no se acaba en ese primer encuentro. Si todo marcha sobre ruedas habrá muchos más encuentros, muchas más salidas. Y ya tendrás tiempo para poder demostrarle tu amor a tu nueva pareja sin incomodar a tus hijos. Recuerda la palabra clave: Calma.

Volviendo a las cosas que debes conversar con tus niños: aclárales que aquí nadie reemplaza a nadie, diles que su padre siempre será su padre. Y si el tiempo pasa y tu nueva relación toma vuelo, ten muy presente el tiempo que pasas con él en relación al tiempo que pasas con tus hijos, pues te aseguro que ellos "miden" y comparan ese tiempo. Y pueden llegar a sentirse abandonados y rechazados, y eso no ayudará al vínculo de ellos con tu nueva pareja. Por lo tanto, busca un equilibrio entre el tiempo que compartes con tus hijos y el que le dedicas a tu pareja, y de a poco involúcralos a ellos a tu nueva relación.

Antes te dije que la palabra clave es Calma. Ahora te diré otra palabra de peso para este período: Proponer.

Eso es lo que debes hacer: proponer al nuevo integrante, en lugar de imponerlo. Porque no olvides que tal vez tú tengas grandes esperanzas en esta nueva relación, pero para tus hijos este hombre no es más que un extraño, alguien que incluso tal vez venga a competir por el amor de su madre.

—Dime algo, Sandra: ¿acaso está mal que mi pareja intente ganarse el amor de mis hijos?

—Es que aquí no se trata de ganar ningún cariño, se trata de crear un vínculo. Y los vínculos se crean con tiempo y confianza.

—¿Y qué consejos me das para poder desarrollar ese vínculo?

—Si tus niños son pequeños te invito a que tu nueva pareja comience de a poco a jugar con ellos, a compartir momentos sencillos, libres de toda pomposidad. Y tú, mientras tanto, encárgate de generar un clima, un marco de armonía en el que se pueda desarrollar ese incipiente vínculo de confianza y afecto. No le impongas el amor de ese hombre a tus hijos (ya te lo he dicho: la palabra clave es Proponer). Deja que las cosas fluyan con naturalidad y paciencia. Lograrás que tu hijo, poco a poco, tenga el genuino deseo de querer volver a ver a esa persona.

Y jamás olvides lo siguiente:
- El amor no se negocia.
- El amor no se compra con regalos.
- El amor no se gana, se crea.
- El amor se construye, se manifiesta.

Si todo sigue fluyendo con naturalidad, llegará el día en que querrás llevar a tu nueva pareja a tu casa para, por ejemplo, compartir una cena. Cuando eso suceda no cambies la rutina de tu familia por el recién llegado. Mantén los horarios y los rituales, que sea el invitado quien se adapte al ritmo usual de tu hogar.

Todas estas cuestiones ayudarán a crear un lazo entre tus niños y tu nuevo amor. No olvides que esta nueva persona que llega no es el padre de los niños. El padre de tus hijos es uno solo, y no importa que tu vínculo con él sea amable o caótico. En tanto, tu nueva pareja es tu nueva pareja. Y punto. Y solo con el correr del tiempo, y si los lazos entre ustedes se estrechan y fortalecen lo suficiente, será el padrastro.

Y ahora... ¡me caso!

Ahora nos adelantaremos varios casilleros. Imaginemos el mejor de los escenarios: el tiempo transcurre, la relación entre los integrantes de la nueva familia se fortalece, y tú y tu pareja deciden casarse. Es muy importante que tus hijos sean parte de este proceso, es fundamental que los involucres para que no se sientan meros espectadores de lo que sucede.

—Pero Sandra, dime una cosa.

—Te escucho.

—¿Qué sucede si mis hijos no aceptan que yo me case?

—Hay algo que debes tener en cuenta: la prioridad son tus hijos, así que analiza qué es lo que está sucediendo como para que ellos no lo acepten. ¿Están acaso ellos percibiendo algo que tú no percibes? ¿Están celosos? De ser así, ¿por qué están celosos? ¿Qué lugar ocupaban tus hijos en tu vida antes de esta nueva relación, y qué lugar ocupan ahora? No importa qué edad tengan tus hijos, tú pregúntales qué les sucede, qué los molesta, qué cosas les despiertan dudas. Analiza con detenimiento qué te dicen y llega a una conclusión.

Y en medio de este recorrido, no busques culpables. Recuerda que Tú eres responsable de lo que sucede, tú no eres víctima, eres una mujer capaz de superar obstáculos, y de seguro también superarás este tiempo que te toca vivir.

Al final del capítulo te propondré que lleves adelante unos ejercicios que te serán de utilidad. En ellos encontrarás un tiempo de reflexión que te ayudará a llegar a conclusiones y respuestas.

Y ahora, ¿de verdad que estás...?

Déjame recapitular... Conociste a un hombre que te agradaba, comenzaste a frecuentarlo, el vínculo se consolidó, le presentaste a tu nueva pareja a tus hijos y todo, poco a poco, fluyó en armonía. Después te casaste, y tras un tiempo de convivencia ahora me dices que... ¿estás segura?

—Sí, Sandra. ¡Estoy embarazada!

Muy bien. Te felicito, ¡un nuevo hermanito se sumará a la familia! Es innegable que has cumplido cada etapa con seguridad y sentido común. Pero no te distraigas, sigue concentrada, que el paso que estás por dar es grande.

Te tengo buenas noticias: está comprobado por estudios realizados en las universidades de Houston, Texas, que las reacciones de un niño ante la llegada de un hermanito son muy similares entre padres divorciados y padres que no lo estén. ¿Y por qué sucede esto? Porque aquí nada tiene mayor peso que la llegada del nuevo integrante de la familia.

Aunque, por supuesto que esto no significa que no tenga trascendencia el modo en que prepares lo que viene. Repetiré un punto que deseo que recuerdes: debes seguir involucrando a tu hijo en todas las circunstancias, debes hacerlo sentir parte de lo que sucede. Por ejemplo: dile que te ayude a bañar al bebé, a darle de comer, salgan todos juntos a dar un paseo... Si tu pareja consiente al bebé, que no olvide consentir también a sus hermanos mayores. Es fundamental saber demostrar el amor, pero también es muy importante saber cómo distribuirlo de modo equitativo.

Las familias de "los tuyos, los míos y los nuestros" son desafiantes, y nos obligan como pocas cosas en esta vida a saber desarrollar la tolerancia, pero pueden llegar a ser absolutamente maravillosas y enriquecedoras. Y no dudo que tú sabrás aprovechar la experiencia que se te avecina. Cuentas con las herramientas para hacerlo, lo has demostrado hasta ahora. Sigue adelante. ¡Y bienvenido sea tu bebé al mundo!

Un testimonio

Tiempo atrás entrevisté a un padre divorciado que convive con su hija. Su testimonio me pareció tan rico que me gustaría poder terminar este capítulo compartiéndote un pasaje. En un momento de la conversación le pregunté por el modo en que manejó algunos de los temas que tocamos en este pasaje del libro. Aquí te comparto su testimonio:

¿Cómo fue la relación con tu nueva pareja estando tú a cargo de tu hija?

—Cuando empecé nuevamente a salir con otras mujeres tomé la decisión de no presentarle a la niña a ninguna de mis parejas hasta que yo estuviera seguro de que pudiera llegar a ser una relación estable.

Escapaste de todo apuro.

—Exacto. Y creo que fue una buena decisión. Así que tras el divorcio la niña solo conoció a una novia, y aunque la relación no salió adelante ella supo que yo tenía una pareja. Y más adelante conoció a quien es mi actual esposa. Eso le dio estabilidad a la niña, ella sabía que si yo le presentaba a una mujer era porque esa mujer era importante para mí. Y esa fue una de las razones por las que mi actual esposa y mi niña tienen una buena relación. Fue difícil al principio porque la niña sentía celos, pero nos manejamos bien.

Te he acercado la respuesta de este padre porque engloba las dos cuestiones que yo considero fundamentales para atravesar este período: liberarse de todo afán y no mentirles a los hijos.

En suma, háblales a tus hijos siempre con la verdad, no te apures, tómate tu tiempo, revisa qué es urgente y qué es importante. Todo es parte de un proceso, hay más tiempo del que tú crees, no te aceleres, ya que si lo haces puedes repetir errores.

En este tema no hay imposiciones, hay procesos por cumplir etapa a etapa. Y si este proceso se te dificulta (pues no todos los hijos aceptan al nuevo integrante con placidez) hay varias formas de manejar esta situación, solo debes saber buscar la ayuda adecuada para resolver esa circunstancia. El camino por recorrer no es sencillo, pero tú estás en condiciones de alcanzar la meta que anhelas.

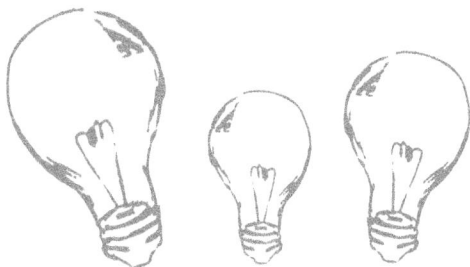

RECURSOS TERAPÉUTICOS

Ahora cierra tus ojos y coloca tus manos en tu corazón. Toma una respiración profunda y piensa cuán merecedora eres de recibir lo que has querido para tu familia. Una vez hayas terminado de escuchar las respuestas de tu corazón, responde el siguiente ejercicio:

Soy merecedora de:

○ Vivir solo por mis hijos
○ Trabajar para conseguir lo que quiero
○ Recibir lo que he soñado
○ Tener la vida que me tocó
○ Amar y ser amada
○ Además, soy merecedora de _____

_____

¿Cómo quisieras verte dentro de doce meses?

¿Qué estás haciendo hoy para lograr verte así dentro de un año?

1. _____
2. _____
3. _____
4. _____
5. _____

CAPÍTULO 7

La sexualidad después del divorcio: romántica o sensual

El erotismo y la sensualidad no tienen que asustar a nadie, excepto a aquellos que están presos en su propia moralidad

Maestros de alcoba

Un corazón es tal vez algo sucio. Pertenece a las tablas de anatomía y al mostrador del carnicero. Yo prefiero tu cuerpo

Marguerite Yourcenar

LAS MUJERES DICEN

"Ya no soy la que era. Mira cómo me ha pasado el tiempo. No me dan ni ganas de arreglarme".

"Yo todas las noches lo consentía y acariciaba como a él le gustaba... él nunca valoró eso. Ya no estoy dispuesta a que me la hagan otra vez".

"¿Qué creyó? ¿Qué me iba a morir sin él? Pues no, ya me conseguí mi arrocito en bajo".

"Nosotros no la llevábamos muy bien en la parte sexual. Pero no sé por qué de un momento a otro todo comenzó a cambiar y se volvió frío".

"La rutina acabó con nosotros. Era el cansancio del día y la verdad no daban ganas de nada".

"Nuestra hija creció durmiendo con nosotros, así que ya sabes... no podíamos hacer nada".

"Él se fue de casa y al otro día ya estaba de fiesta. Y pues, yo también me busqué mi gente y he conocido nuevos amigos y me la paso saliendo. Me he gozado uno que otro".

"Me sentí feliz, porque ya no tengo vida doble. Sabes que con esa otra persona llevo saliendo varios meses y estamos muy bien. Creo que encontré lo que buscaba, es demasiado especial".

UNA VISIÓN PSICOLÓGICA

¿Estás dispuesta a que hablemos del sexo después del divorcio? Sé que es un tema que divide opiniones. Hablar acerca de la sexualidad después de un divorcio es un tema apetecido por muchas y aborrecido por otras.

Para poder aproximarnos como es debido a este tema es fundamental que entiendas a la sexualidad como un proceso de manifestación y conexión con otro, y que a la vez va de la mano con tu forma de ser y de comunicarte. Por eso se dice que la podemos elegir y hacer parte de nuestra personalidad, dándonos el valor de construir a nuestro modo un camino que nos lleva a atraer esa otra parte que nos complementa y hace sentir placer.

Al atravesar un divorcio, nuestra sexualidad se ve golpeada de una u otra forma, desde lo psicológico y también desde lo espiritual. El quiebre del vínculo con nuestra pareja genera infinidad de cuestiones duras de sobrellevar, y tal vez ninguna sea más dura que el resentimiento de tu propia autoestima.

Pero por supuesto que aquí los patrones no son fijos, y que ante esta circunstancia cada mujer puede reaccionar diferente. Pues, así como está quien siente su autoestima golpeada y se encierra en sí misma, también está quien tras la separación pasa a sobrevalorar la sexualidad, a sentirse como en sus mejores años, y comienza a tener otras experiencias y a sentirse deseada.

Pero, sea cuál haya sido la razón de tu divorcio, no se puede negar que se trata de un golpe emocional, un cambio en tu vida y también una aceptación a una nueva realidad. El estado de vulnerabilidad en el que se suele quedar es bastante alto, y las consecuencias muchas veces son el rechazo total a estar con alguien más o la necesidad de querer sentir cariño de otra persona y vivir experiencias nuevas. Sin embargo, hay una situación que he visto a menudo, que es dolorosa y suele acarrear malos resultados: hablo de quienes salen corriendo a la diversión y a la búsqueda de tener relaciones sexuales por "venganza" con su ex. ¿Y por qué me hablo de "malos resultados"? Porque mi experiencia como profesional me indica que estas son las mujeres que más pronto regresan a mi consultorio. Y lo suelen hacer destrozadas, llorando, perdidas en su vida.

Aquí reiteraré lo que he dicho con anterioridad: por supuesto que hay excepciones, he visto quien a los pocos días de divorciada encuentran su príncipe azul. Pero no hay necesidad de ir en busca de otros como un modo de "vengar" la supuesta afrenta que te hizo tu ex pareja.

En este caso, y una vez más, la palabra a tener en cuenta es Equilibrio. No puedes ni debes quedarte por años llorando lo que quedó atrás, pero tampoco hay necesidad de salir corriendo a brazos de desconocidos en busca de lo que esa persona tal vez no pueda darte. ¿Te separaste? Bien, es lógico y sano que te des un tiempo para vivir un duelo que tú misma decidirás cuan largo o corto será. No tomes decisiones apresuradas cuando estás inmersa en un carrusel de emociones.

La casa debe ser organizada antes de recibir visitas, y eso es justamente lo que te invito a que hagas con tu mente, cuerpo y alma. Determina qué quieres, dónde lo quieres, cómo y cuándo lo quieres. No dejes que sea otro quien maneje los tiempos, no permitas que sea un sentimiento errado lo que apure las etapas. Eres tú y solo tú quien debe ejercer el mando.

Entiende que tu vida está en un período de cambios, que estás tomando otros rumbos, y que comenzarás a explorar un territorio inexplorado. Por lo tanto, ni te duermas por demás ni te apures.

Y siéntete libre de sentirte libre y deseada, viviendo el mejor momento de tu vida, pero también debes estar preparada para sentir lo contrario. El secreto es que seas honesta contigo y que estés lista para aceptar lo que eres. Recuerda que la confusión mental que sobreviene tras el shock de la separación te puede llevar a ser más impulsiva y a que creas que manejas la situación. Pero si las cosas a tu alrededor no están saliendo como es debido... ¡cuidado! Tal vez haya algo en ti que no está funcionando bien.

No olvides que lo primordial es valorarte desde lo que eres como mujer. Debes ser responsable de haberte permitido llegar a dónde estás, y sobre todo debes ser consciente del valor que tú tienes, que tu cuerpo tiene. Debes adaptarte primero a reconectar contigo misma para ajustar lo que realmente mereces para así poder sentirte tranquila y feliz para que las cosas a tu alrededor funcionen como debe ser. Se trata de volver a ser tú misma, de conectar con tu esencia de mujer.

No te dejes llevar por los apuros y exigencias de tu entorno, deja de lado sentimientos vengativos que solo conducen al rencor.

Que sea tu genuina necesidad y deseo el que te indique si te das la oportunidad de volver a tener relaciones con otra persona. Y no vivas al tiempo de espera y de duelo como una pérdida de tiempo. Al contrario, vívelo como una oportunidad de aprendizaje, como a una etapa que debes atravesar antes de pasar al siguiente nivel. Ya pronto te llegará el momento de volver a reconectarte con tu sensualidad, con tus ganas de saberte deseada y amada.

Volver a descubrirse

Me ha sucedido un buen número de veces que mujeres en mi consultorio me digan con tono y actitud de espantadas:

—¿¿Yo volver a tener sexo?? ¡¡Ni se me ocurre!!

Sin embargo, esa no es más que una coraza que no conduce a ningún sitio positivo, porque yo sé que, si se dan ciertas circunstancias, esa mujer no tendría ningún problema en vincularse con otro hombre. Es más, no sería extraño que esa mujer desee vincularse sexualmente con otro hombre.

—¿Entonces por qué levantan esa coraza, Sandra?

—Por miedo.

—¿Miedo a qué?

—A infinidad de cosas: a volver a sentirse deseadas, a que les hagan daño, a repetir errores del pasado.

Y atención con esta coraza. Porque no está mal si hablamos de un mecanismo de defensa y protección que dure un tiempo que la mujer precise para sanar heridas. El problema surge cuando esta coraza se vuelve parte de la propia piel, pues en ese caso el resultado será que la mujer se cierre emocionalmente al punto de perder su esencia.

Son muchas las mujeres que tras atravesar un divorcio se sienten inseguras, intimidadas (e incluso avergonzadas) a la hora de desnudarse ante un hombre, y que obviamente no saben si serán capaces de llevar adelante una relación sexual satisfactoria.

Es para estos casos que creé un taller llamado Romántica o sensual, para ayudar a estas mujeres a volver a asumirse como seres que merecen desear y ser deseadas, a reconectarse con su cuerpo y su erotismo. En ese taller yo las invito a que se compren ropa interior bonita, a que se miren atentamente al espejo como un modo de redescubrirse (o de descubrirse por vez primera). Hablamos de mujeres que precisan volver a ganar confianza no solo desde lo mental y espiritual sino también desde lo corporal. En fin, recobrar su autoestima más allá de la talla y el físico, más allá de los errores del pasado.

¡Crea tu propia pócima!

Cuando las mujeres atravesamos un divorcio solemos agredir a nuestra propia esencia, y después nos cuesta mucho volver a rehacerla, volver a reconectarnos con ella. Y ese es un gran problema que involucra a la propia identidad de cada una de nosotras, porque en nuestra esencia se encuentra mucho de lo que nos identifica como mujeres.

La esencia, entre otras cosas, está íntimamente vinculada a nuestra sensualidad. Cuando hablo de sensualidad no hablo solo de una sensualidad erótica o de pareja, hablo de esa coquetería que nosotras jamás debemos perder. Esa sensualidad tiene que ver con que seas capaz de dedicarte tiempo a ti misma, que te des un buen baño y lo disfrutes, que te vistas con prendas que ensalcen lo mejor de ti, que te consientas, que te quieras.

¿Qué ingredientes debes tener para mantenerte en contacto con esa esencia, para crearla, para mantenerla viva, para reconectarte con ella?

Te propondré un juego. Es un juego maravilloso, pero para el que debes estar preparada.

¿Estás lista?

Entonces… ¡adelante!

Imagina que somos magas, y que…

—Disculpa, Sandra. ¿Has dicho "magas"?

—Exacto. ¡Magas! Préstame atención, ya verás lo rica que es esta experiencia que te propongo.

Imagina que somos magas, y que debemos crear tu esencia, que no es otra cosa más que una pócima que se conforma con diferentes ingredientes. ¿Cuáles serían esos ingredientes? Ven, ponte tu sombrero de maga y acompáñame. Yo te detallaré esos ingredientes uno por uno:

Humildad

Tú no siempre tienes razón, así que esfuérzate por comprender el punto de vista del otro, porque recién tendrás un panorama completo cuando logres ver la situación desde diversos ángulos. ¿Consideras que te hace falta humildad? ¿Crees que te cuesta escuchar con atención al otro? ¡Echa este ingrediente al caldero!

Autenticidad

Sé sincera (y sobre todo sé sincera contigo mismo). No te escondas ni ante los demás ni ante ti misma. Líbrate de disfraces y de corazas, y muéstrate ante al mundo tal como eres. Y no olvides ser coherente en tus actos del día a día. Entonces, si consideras que no estás siendo tú misma, espolvorea la pócima con varios gramos de autenticidad.

Respeto

¿Tú les pides respeto a quienes te rodean? Entonces no olvides respetar a tu entorno, empezando por tus propios hijos. El primer paso para recibir respeto es brindar respeto.

Amor propio

Jamás se puede perder el amor propio. Aprende a decir que no. No temas dejar de lado lo que no te sirve, lo que no te permite crecer. Decirle que No a lo prescindente es un modo de estar libre para decirle Sí a lo necesario.

Madurez

Ámate, mímate, valórate. Tú eres lo más grande que tienes, y no puedes amar al otro si no te amas a ti misma. Ten la madurez necesaria para darte cuenta de ello. ¿Te hace falta este tipo de madurez? Agrégale este importante ingrediente a tu pócima.

Vivir con plenitud

¿No estás disfrutando tu día a día? ¡Entonces tírale un buen trozo de Vida Plena al caldero! El pasado ha quedado atrás y el futuro será mañana, así que ahora concéntrate en vivir, en explorar, y en disfrutar con plenitud el hoy.

Simplicidad

Una vez una persona muy bella me dijo: "Menos es más". Jamás dejé de aplicar esa frase. Hazme caso y aplícala tú también. Vive más sencilla, más liviana, no te detengas en pensamientos enredados y contraproducentes. Relájate, respira y camina con menor pesadez y mayor frescura.

Autoestima

¿De qué está conformada la autoestima? De luz, tranquilidad y seguridad. No prescindas de esa tríada, te ayudará a transitar esta vida con mayor sabiduría. ¡Vamos! ¡Agrégale autoestima a tu pócima!

Y ahora revuelve bien, llena un copón y bébelo de un trago. Verás cómo te conectas con una de las cosas más sagradas que encontrarás en este mundo: tu propia esencia. Te aseguro que te sentirás mujer, te sabrás sensual (y sexual), tendrás una relación más afín con el mundo y las personas que te rodean.

Llena el contenido de varios tarritos con esta esencia y guárdalos en tu mesa de luz para poder beberlos cada vez que te haga falta.

Ahora sí puedes quitarte y guardar tu sombrero de maga. ¡Pero tenlo siempre al alcance de la mano! Yo sé bien por qué te lo digo.

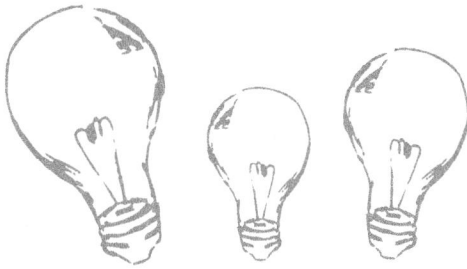

RECURSOS TERAPÉUTICOS

La importancia de observarnos sin juicios y de una manera activa y honesta es hacerlo nosotras mismas, y una técnica que funciona muy bien es ver nuestro propio reflejo en un espejo. Es un instante que te regalas para ti.

- ¿Qué se te viene a la mente cuando tienes delante de ti la imagen de tu cuerpo?
- Y dime algo más:
- Cuando tocas tu cuerpo, ¿qué pensamientos vienen a tu mente?
- ¿Cuál es la relación que tienes hoy contigo misma?
- Si eliges un momento del día para mirarte al espejo, observar tu cara y tu cuerpo (e intentas hacer este ejercicio todos los días), comenzarás a reconocer y a aceptar cualidades que siempre has tenido, y también lograrás admirar lo que eres.

Te propongo que te mires a ti misma con atención ante un espejo. Observa la profundidad de tu mirada, y cada segundo ve más al fondo del interior de tus ojos.

Comienza a escucharte. Deja simplemente que fluya esa voz interior.

Ahora, manteniendo la mirada en lo hondo de tus pupilas, abre poco a poco la visión hacia tu cara, luego tus brazos, tu tronco, tus piernas... Y comienza a agradecerle a tu cuerpo, admíralo, abrázate a él, y vuelve a agradecer por el milagro que eres. Porque tu cuerpo es un milagro que debe ser agradecido. Tú eres un milagro.

Estas frases puedes repetirlas cada vez que te admiras al espejo, son como una cápsula diaria que te permite recordar lo que eres:

- Me amo, me acepto y me respeto profundamente.
- Entiendo que he hecho cosas extraordinarias.
- Acepto lo que soy, como soy y como me veo.
- Escucho mi cuerpo.
- Cuido de mí para poder cuidar de los demás.
- Recibo salud perfecta en cada una de las partes de mi cuerpo.

CAPÍTULO 8

Oportunidad o fracaso

No debes cometer el mismo error dos veces. La segunda vez que lo haces ya no es tu error, es tu opción

Walter Riso

¿Por qué hemos de escuchar al corazón? Porque donde él esté es donde estará tu tesoro

Paulo Coelho

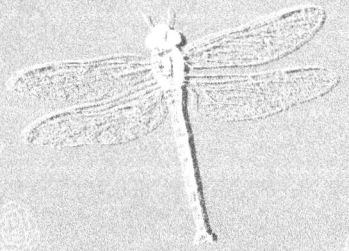

LAS MUJERES DICEN

"Me cansé de llorar. Quiero volver a ser la misma de antes, quiero volver a enamorarme".

"Ver una foto de él, o verlo cuando viene a recoger a los niños, le confieso doctora que me toca el corazón. Pero finalmente doy gracias a Dios por habernos separado, así tenga que chillar".

"Quiero tener mi agenda llena de cosas para pensar en mí y salir adelante".

"He encontrado un grupo de amigas con las que tengo más cosas en común de las que tenía con mi ex pareja. Llevaba años sin tener amigos de verdad".

"Nunca lo dejaré de amar".

"Es que cada vez que lo veo se me mueve todo. Y me da una rabia… ¿Cuándo se me pasará esto?".

"Sentí que no tenía paz, así que decidí acordarme solo de lo bueno que sucedió entre nosotros".

"Lloré mi pena por meses, se me acabaron las lágrimas. No es justo conmigo, y mi hija también está mal".

UNA VISIÓN PSICOLÓGICA

¿FRACASO? NO, DE NINGUNA MANERA. AQUÍ NO HAY NINGÚN FRACASO

Hay una frase que me ronda mientras pienso en todo lo que gira alrededor de este capítulo, y es la siguiente:

"Que te sobren las razones para volver a ser tú".

Es alrededor de esta frase que desearía darle forma a este capítulo, pues de ella parte todo.

Me gustaría hacerte algunas preguntas relevantes. Hasta aquí te han atravesado infinidad de experiencias, y son muchas las cosas que has aprendido. Entonces dime algo: ¿Quieres que todo lo que te sucedió hasta aquí sea una excusa para fracasar? ¿O prefieres que sea el punto de partida para un comienzo nuevo y mejor?

Déjame decirte algo que te ayudará a responder lo que acabo

de preguntarte: Deja de prestarle atención a lo que sucede a tu alrededor y vuelve a ser tú misma. No llenes tu mente de voces y ecos, busca las respuestas en el interior de tu alma.

¿Cuántas veces escuchaste la siguiente frase?

—Ella fracasó en su matrimonio.

Sé que me dirás que escuchaste esa frase infinidad de veces. ¿Y sabes por qué? Porque esas palabras más que una frase son un estigma. Pero hay algo aún peor. ¿Y sabes qué es? Que es una frase equivocada de principio a fin. Y por variadas razones, pero la primera es: ¿Cómo es posible que la gente opine con tanta liviandad cuando no tienen la menor idea de qué sucedió en el interior de la pareja?

Pero es así como buena parte de la sociedad adora estigmatizar al prójimo. Y es por eso que muchas divorciadas se sienten avergonzadas y culpables, cuando lo más factible es que no tengan razones para sentirse de tal modo. Y esos sentimientos no ayudan en nada a encarar el proceso por venir, es más: esos sentimientos potencian las posibilidades de un divorcio conflictivo.

Buena parte de la gente no sabe qué es un fracaso, como así tampoco terminan de comprender qué es una oportunidad. Así que vamos a analizarlos: ¿qué es un fracaso y qué es una oportunidad?

Muchos suelen creer que el fracaso es inevitablemente una derrota, y no es así. El fracaso es que las cosas no se hayan dado tal como tú lo anhelabas. En tanto una oportunidad es el instante preciso en que tú te das cuenta que puedes lograr lo que deseabas.

Y cuando hablamos de oportunidad, ¿de qué hablamos? La oportunidad es el momento para obtener aquello que deseas. Te daré un ejemplo: Las mujeres divorciadas muchas veces suelen decir:

—Quiero volver a ser feliz.

Muy bien, ¡aquí tienes esa oportunidad de trabajar en ti y ser feliz!

—Pero, Sandra. No es tan sencillo. Hay momentos en los que me siento cargada de temores y atravesada por el dolor.

—Te entiendo. Es más, te entiendo muy bien. Sé que es duro. Pero déjame decirte que tienes dos caminos por delante: quedarte dónde estás o intentar salir adelante. Y tú debes salir adelante, tú mereces seguir andando. Te propondré algo: Pregúntate qué sucedió en ti para haber llegado a sentir tanto dolor. Y después decide que este es el tiempo de dejar esa etapa atrás. Es tiempo de un nuevo comienzo. Es hora de iniciar un nuevo período en tu vida en el que comenzarás de cero, pero en el que a su vez tendrás la bienvenida oportunidad de aplicar toda la experiencia que hasta aquí acumulaste.

O sea, fracasar no es derrota, no es miedo, no es vergüenza, ni nada de todo eso que la sociedad te ha metido en la cabeza.

Por favor, no lo olvides.

Una vez que tengas esto bien en claro viene el tiempo de la elección: deberás elegir si lo que te toca vivir es un tiempo de fracaso o un tiempo de oportunidad.

¿Y de qué depende elegir una u otra cosa?

¡De ti!

Sí, solo de ti.

De ti y de cómo estás dispuesta a afrontar todo lo que viene, de cómo te vincularás con tus creencias, de cuánto dejarás que te influyan los comentarios errados y las creencias caducas de quienes te rodean.

Hagamos un ejercicio

Te propongo un ejercicio. Vayamos juntas hacia atrás. Vayamos al preciso momento en que elegiste a tu pareja. Esa pareja que querías y soñabas. Quiero que me digas algo:

- ¿Bajo qué términos elegiste a esa pareja?
- ¿Fue un impulso, te gustaba esa persona?
- ¿Te diste el tiempo para conocerlo, para saber si tenías cosas en común　o simplemente te dejaste llevar por el enamoramiento inicial?

Más allá de lo que tengas para contarme, hay algo innegable: lo más factible es que nadie te haya obligado a elegir a ese hombre, entonces... ahora tienes una nueva oportunidad, y otra vez eres tú quien vuelve a tener la oportunidad de elegir. Porque... ¿sabes una cosa? La vida son elecciones. Sí, elecciones. Y eres tú quien decide y elige. Anteriormente te señalé que tú debes ser la protagonista de esta película que es nada menos que la película de tu vida. Bien, ahora tienes la oportunidad de detenerte, de pensar, de elegir. Y de protagonizar.

Y a este proceso de elección no lo puedes llevar a cabo bajo la vergüenza, el miedo y la culpa. Líbrate de eso.

¿Qué es mejor, soportar una relación tóxica o retomar una vida apacible? ¿Dónde está el fracaso y dónde la oportunidad?

Y atención, por supuesto que estás en tu derecho a elegir lo primero. Pero de optar por ese camino, no te quejes, porque esa ha sido tu decisión.

Hay mujeres que me han dicho:

—Yo me quedo con este hombre y soporto lo que haya que aguantar.

Es más, me han dicho tan a menudo esta frase que debí haberla agregado en Las mujeres dicen, ¿no crees?

O mujeres que, tras divorciarse, aseguran que:

—Él jamás será feliz, le haré la vida imposible.

Detengámonos un instante ante esta afirmación. ¿Quién se hace la vida imposible? ¿El receptor o el emisor de la frase? Ambos, de seguro ambos. Pero sobre todo el emisor.

¿Cuál es la mejor oportunidad ante un divorcio? Eso lo decide cada persona. Desde la psicología lo que te recomiendo es que utilices a la oportunidad como una opción de bienestar para ti misma. La elección está en ti. No le des espacio a la queja. Si tú elijes, no te quejes. Tú has elegido quedarte ahí, entonces no llores porque tu pareja te fue infiel, tú decides quedarte ahí. Pero desde la psicología debo decirte que no es lo óptimo, porque... fingir que amas a tu pareja, ¿es fracaso u oportunidad? Fingir que tu vida transcurre tal como lo soñaste, ¿es fracaso u oportunidad?

Los niños

Como es inevitable, al hablar de estos temas no podemos dejar de lado a un actor de peso: tu hijo, o tus hijos. Cuando una pareja debe enfrentar una crisis de pareja los niños se empiezan a involucrar (el grado dependerá de las edades que ellos tengan, claro). Y en el transcurso de ese tiempo, ellos sentirán que deben cuidar a sus padres (en general con quien conviven es con la madre, así que sentirán que es a ella a quien deben cuidar).

Es en este período tan delicado para toda la familia que la madre o el padre muy a menudo le dice al niño una frase que es un error de proporciones inimaginables:

—Ahora eres tú el hombre de la casa.

Hay acciones o frases que pueden tener connotaciones negativas que al individuo le pueden llevar largos años quitarse de encima. Esta es una de ellas.

Porque, ¿cómo hace este ser pequeñito para asimilar semejante baldazo de responsabilidades?

¿Y sabes tú cuáles son las consecuencias?

Que se rompe el concepto de afecto que unía a madre e hijo.

Porque de más está decir que el niño no está en condiciones de cumplir con la responsabilidad que le fue asignada.

Y finalmente la mujer, al sentirse desmoronada de angustia y rabia, estalla, y le reclama al hijo. O sea, le vuelca su angustia a su hijo. Y cuando llega el momento del arrepentimiento el mal ya está hecho.

Esto sí que es un fracaso.

Un gran fracaso.

Pero... más allá del fracaso. ¿Se abre aquí alguna oportunidad?

Sí, por supuesto que sí.

Este es un tiempo para rever decisiones, para conversar con sinceridad, para disculparse por los errores y enmendar lo que se hizo mal. Muéstrale al niño que son tiempos de tristeza, que la familia está atravesando inconvenientes, y que esos inconvenientes pueden ser solucionados con amor y paciencia. Explícale al niño que toda crisis es solucionable, y que hay que trabajar en pos de ello.

Y sé cuidadosa con esas frases que se suelen decir en estos casos como: "El tiempo lo dirá" o "El tiempo lo cura todo".

—¿Por qué, Sandra? ¿Acaso no son ciertas?

—Pueden llegar a ser ciertas en determinadas circunstancias. El problema es que se precisa algo más que el transcurrir del tiempo para dejar atrás patrones equivocados. No hay que esperar que el tiempo cure las cosas por su cuenta. Eso casi nunca sucede. Tú debes tomar la acción, el control y la dirección de tu vida. Dime una cosa, ¿quieres resultados?

—Sí. Por supuesto que sí.

—Entonces no esperes, y toma decisiones. He conocido mujeres que llevan diez años intentando superar las secuelas que les dejó el divorcio. No estoy en contra de apurar procesos, es importante tener la paciencia suficiente para permitir que las heridas se sanen como es debido, pero no puede ser que entregues media vida a cambio de transitar esa instancia. Eres tú quien debe accionar para cerrar una etapa y comenzar otra.

Así que piensa, siente y actúa.

Tienes dos cartas delante de ti. Una dice Oportunidad. Y la otra dice Fracaso. Ha llegado tu hora de elegir. Hazlo con coherencia. Y con amor.

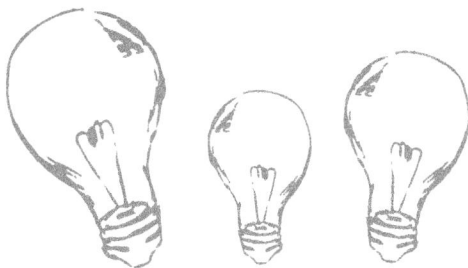

RECURSOS TERAPÉUTICOS

Al llegar a este punto del libro y haber realizado diferentes reflexiones, respondido a una serie de preguntas y dado valor a los diferentes recursos que te he planteado, ahora tienes una visión más clara de la grandeza que hay en ti. Te pido que pongas mucha atención a este último recurso.

Cuál es tu mayor deseo, ¿estar unida por el conflicto o por la tranquilidad?

Observa con atención el listado que te presento. Después analiza y dale una puntuación a cada planteamiento de uno al cinco, siendo uno la mínima necesidad y cinco el máximo de necesidad:

Afecto	1	2	3	4	5
Seguridad	1	2	3	4	5
Confianza	1	2	3	4	5
Respeto	1	2	3	4	5
Comprensión	1	2	3	4	5
Aprobación	1	2	3	4	5

Basado en lo anterior, el o los puntajes más bajos, serán los aspectos en que pondrás tu atención ahora y te responderás:

- ¿Qué es lo peor que me puede pasar si me doy una nueva oportunidad de _____ (afecto – seguridad – confianza…)?

- ¿Qué es lo mejor que me puede pasar si no me doy una nueva oportunidad _____ (afecto – seguridad – confianza…)?

Ahora te propondré hacer un trato contigo misma. Escribe lo siguiente:

Yo, _____ (Tu nombre) Hoy _____
(fecha) elijo entregarme _____
(escribir acá al fracaso o a la oportunidad) para este nuevo comienzo de mi vida. Me comprometo a responsabilizarme por esta decisión que tomé reconociendo que _____
_____

(coloca aquí lo que estos capítulos te permitieron ver en ti) y continuar descubriendo lo mejor de mí para proyectarlo en todas las áreas de mi vida.

_____
(tu firma)

Y te desafío a que cumplas lo arriba escrito y firmado como si se tratase de un mandato, como si se tratase de lo que es: un compromiso contigo misma.

ÚLTIMAS PALABRAS

A la hora de escribir estas últimas palabras te confieso, querida lectora, que en mi alma no hay más que gratitud. ¿Gratitud a quién? A ti. Sí, a ti.

Al comienzo te dije que deseaba que este libro fuera también compañero, confidente y guía. Estoy segura que hemos logrado ese objetivo. Pero... ¿sabes una cosa? Nada de eso hubiera sido posible sin tu apoyo y compañía. Te aseguro que he escuchado tu voz y tu aliento durante la escritura de cada palabra, cada oración, y cada párrafo. Me has aconsejado, me has guiado, me has sostenido en los momentos de duda, hemos reído juntas, has secado mis lágrimas y yo he secado las tuyas. Y por eso mi agradecimiento a ti es eterno.

Me agradaría que conserves *¿Qué dicen las mujeres del divorcio?* no en tu biblioteca sino en tu mesa de luz. Porque tú ya lo sabes, este es un libro para regresar una y otra vez. Cada uno de sus capítulos estarán siempre aguardándote cada vez que tengas la necesidad de un consejo o del calor de un confidente.

Este libro ya no es mío y tampoco es tuyo. Este libro es nuestro. Es de todas nosotras. Que cada mujer que alguna vez se encuentre atrapada por el miedo y la soledad, sepa que en estas páginas encontrará dos brazos fuertes que la rescaten y protejan.

Aquí estamos y aquí seguimos, siempre, ¡gracias!

Sandra A.

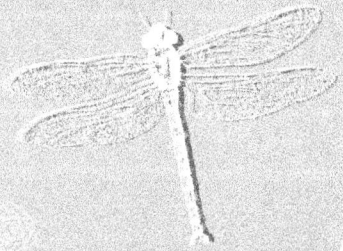

SANDRA ARROYAVE

Directora y fundadora, Synchrony Center – USA

Psicóloga, especialista en psicología de consumidor y mercadeo. Máster en Synchrony therapy - Máster en Reiki Angélico - ThetaHealing® advanced y Terapia de Liberación Emocional (TLE). Se ha desempeñado en formación y dirección de talento humano, emprendiendo proyectos de vida desde la transformación. Certificada internacionalmente como life coach, terapias de sanación energética y experta en temas de divorcio, lo que ha sido un complemento apropiado en su labor profesional y social que brinda en su centro.

Sandra es colombiana y reside en Estados Unidos, donde ha creado un proceso integral práctico llamado "Synchrony", metodología con la que orienta y apoya procesos de avance y crecimiento en las personas a nivel familiar, personal y profesional. Esta metodología la realiza de manera virtual o presencial. Conferencista y escritora de su primer libro *La Magia de un Atuendo "Historias de Luciana Avril"*, donde comparte su aprendizaje y experiencias que invitan a tomar la decisión de encontrar el máximo desarrollo de cada persona bajo el lema "el poder está en ti". Premio ILBA 2020, (International Latino Book Awards) en dos categorías.

Creadora de la comunidad para Mujeres Divorciadas, donde ofrece orientación y apoyo constante a través de encuentros, foros y orientación psicológica.

Contacto:
WSP: +1(786) 486 – 3926
www.synchronycenter.com
@sandra_arroyave_libros
synchronycenter@gmail.com

www.ingramcontent.com/pod-product-compliance
Lightning Source LLC
LaVergne TN
LVHW041320080426
835513LV00008B/521